실實,
세계를
만들다

실實,
세계를
만들다

실 천 을 둘 러 싼 철 학 논 쟁 들

김선희 지음

글항아리

동아시아 지성사에서 '실實'은 다양한 의미와 용례를 가진 개념으로, 역사적으로 다양한 철학적 논쟁의 중심에 자리해 왔습니다. '실'에는 인仁이나 예禮, 이理나 기氣처럼 사변적인 철학적 내용이 담겨 있지 않지만 오랜 시간에 걸쳐 동아시아 지식인들은 '실'이라는 개념을 통해 자기 학문의 특성과 지향을 담아내고자 했던 것이지요.

'실'에 연결된 다양한 개념 가운데 우리에게 가장 익숙한 것은 아마도 '실학'일 것입니다. 실학은 반계 유형원, 성호 이익, 담헌 홍대용, 다산 정약용 등으로 이어지는 조선 후기의 특정한 사상적 경향을 가리키는 용어로 잘 알려져 있습니다. 조선의 지배 담론이었던 성리학이 이기론과 같은 근원적이고 추상적인 사변적 담론에 몰두해 있을 때 이와는 다른 방향에서 실질적이고 실용적인 학문을 추구하는 지적 전환이 조선 후기에 적극적으로 시도되었다는 것이 학계의 일반적 인식이지요. 특히 일제 강점기였던 20세기 초반, 조선의 학술적 자원을 발굴해 시대를 바꿀 담론을 창조하고자 했던 일군의 학자는 자신들이 발견한 조선 후기의 지적 경향을 특별히 '실학'이라고 불렀습니다. 그런 의미에서 '실학'이라는 개념에는 18~19세기 조선의 학문적 전환뿐 아니라 그 시대를 새롭게 해석하려는 20세기 조선의 자기 극복의 의지와 열망이 담겨 있다고 할 수 있습니다.

그렇지만 사실 '실학'은 학문의 이름으로 그다지 효과적이라고 보기는 어려울 것 같습니다. 본래 실은 이름과 대비되는 실제이자 실질이라는 의미로 혹은 비어 있는 것에 대비되는 열매이자 내용이라는 의미로 사용되던 표현이었습니다. 다시 말해 '실'이란 그 자체로 추상적이거나 철학적인 의미가 담겨 있지 않은 일종의 형용사적 표현인 셈이지요. 물리학이나 수학, 윤리학 같은 용어가 학문적으로 다루는 대상이나 주제를 드러내고 있다면 실학은 사실 학문의 방법론이나 학문적 태도를 담고 있는 말로 보아도 될 것입니다.

실학이 '실사구시實事求是의 학學'을 줄인 말이라고 보는 입장도 있는데 이 경우도 마찬가지입니다. 실제의 사물 혹은 사태에서 진리를 구한다는 실사구시 역시 학문의 대상이나 내용이 아니라 학문의 방법 혹은 태도를 의미하니까요. 그리고 바로 이 지점에서 실학에 대한 질문은 다시 시작됩니다. 실학은 그 자체의 학문적 대상이나 내용성을 포함하고 있지 않지만 바로 그 점이 '실학'이라는 학풍 혹은 지적 지향의 의미와 가치를 알려준다고도 볼 수 있습니다. 실제에서 실질적 방법으로 실용적 지식을 구하는 것이 곧 학문의 목표인 그런 지적 탐구가 가능하고 또 의미 있을 테니까요. 그렇다면 실학에는 학문적 방법 뿐 아니라 학문의 목표와 지향이 모두 담겨 있다고 할 수 있을 것입니다. 실학 뿐만이 아닙니다. '실'이라는 개념에 학문적 방법과 목표, 지향을 담으려 했던 것은 이름과 실제에 관해 고민했던 전국시대 학자들부터 자신들의 학문을 불교와 구분 짓고자 했던 성리학자들, 실증과 실용을 강조했던 근세 조선과 청의 학자들에 이르기까지 일관된 문제의식이라고 할 수 있습니다.

더 흥미로운 것은 '실'에 대한 강조가 언제나 모종의 긴장 속에서 나타났다는 것입니다. 지성사 안에서 '실'이 적극적으로 등장하는 것은 언제나 비판적 전환에 대한 요구와 함께였습니다. 뒤에서 자세히 살펴보겠지만 명名, 즉 이름을 세워 실질을 그에 합당하게 맞추어야 한다는 공자의 주장도, 이름과 실제를 일치시켜야 정치가 안정된다는 전국시대 명가名家들의 이론도 궁극적으로는 정치적 분화와 그에 따른 혼란을 극복하기 위한 제안이었고 불교, 도교와 이론적으로 대결하고자 했던 성리학 역시 유학을 새롭게 구축함으로써 국가적, 사회적 위기를 극복하기 위해 실리實理, 실심實心, 무실務實 같은 개념을 적극적으로 활용했습니다. 성리학의 사변성을 극복하고자 했던 조선 후기의 실학은 말할 것도 없습니다. 이처럼 '실'은 언제나 전환의 논리이자 변화의 지향이었던 것이지요. 그렇게 본다면 '실'이라는 개념에는 새로운 변화를 수용하여 당대의 학풍을 전환하려는 동아시아 지식인들의 신념과 자기 학문에 대한 확신이 담겨 있다고 할 수 있을 것입니다.

이렇게 써놓고보니 문득 저 자신을 돌아보게 되었습니다. 취미나 여가가 아니라 직업으로 공부를 택해 철학을 연구하고 있는 연구자의 한 사람으로서, 과연 나의 학술적 작업에 저러한 의지와 신념, 지향을 담아내고 있는가 반성이 되었기 때문입니다. 갑자기 작아진 듯한 기분이 드는군요.

실實, 세계를 만들다

무엇보다 이 책에 대한 자신이 없어졌습니다. 변명에 불과하지만 이 책을 쓰는 과정이 쉽지만은 않았습니다. 대체로 유학사 안에서 일관되게 전개되어 온 인仁, 의義, 지知 등 다른 개념에 비해 실實은 유가, 도가, 명가, 성리학, 양명학, 고증학 등 시대와 성격이 다른 학문들 안에 산발적으로 나타나는 개념이기 때문에 서로 층위가 다른 이론들을 함께 다루어야 했다는 점도 어려웠지만 학자들마다 큰 변별점을 찾기 어려운 일반론이 반복되는 점도 넘어야 할 산이었습니다. 전공 영역을 넘어가는 내용들도 더러 있어, 오류나 실수가 있을 수 있다는 점도 한계 중 일부겠지요.

그러나 한 가지는 분명하게 말할 수 있을 것 같습니다. 이 작업을 통해 제 학문적 문제의식의 뿌리들과 세부적인 가지들을 확인할 수 있었고 어떻게 이를 논제로 구성할 수 있을지에 관해 여러 아이디어와 방향을 얻었다는 점입니다. 아직은 동아시아 학자들이 '실'을 내세우며 추구했던 비판적 긴장을 제 학문에 담을 자신은 없지만 다시 새로운 문제를 제안하고 모종의 지향을 담아 연구할 힘을 얻었습니다. 이 책은 현재를 한계로 마감하지만 부족한 부분들, 남은 문제들은 앞으로의 연구에서 더 넓고 또 정교한 문맥으로 다뤄보고자 합니다. 원고를 제 때 드리지 못해 심려와 수고를 끼쳤던 한국국학진흥원의 최은주 선생님께 특별한 감사의 말씀을 전합니다.

2017년 12월
김선희

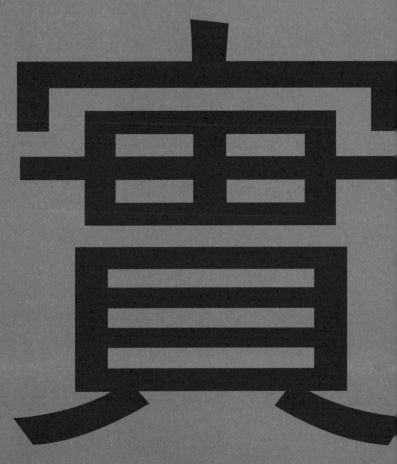

1장

實

풀이하는 글:
실實을 둘러싼 논쟁들

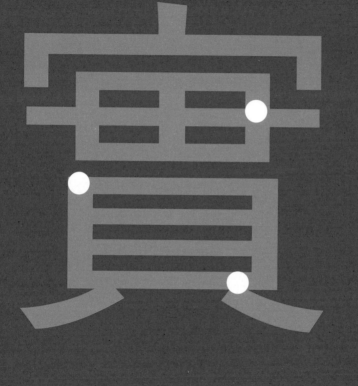

1.
동아시아 지성사에서의 실

　　모든 고대의 사유와 철학이 그러하듯, 동아시아인들
도 고대부터 우주와 인간을 이해하기 위한 다양한 언어와 개념을 발전시
켜왔다. 고대 동아시아인들도 우주의 구조와 기능, 도덕적 가치와 질서를
이해하고 설명하기 위해 다양한 개념을 만들어내고 이를 전승하려는 시
도들을 축적해나갔다. 결과적으로 동아시아 지성사는 도道와 덕德, 유有와
무無, 자연自然, 기氣, 인仁, 의義, 예禮, 지知, 경敬, 성誠 등 세계와 인간을 설
명하기 위해 고안된 수많은 개념과 이를 둘러싼 이론들을 통해 발전했다
고 할 수 있다. 이 책에서 살펴볼 '실實' 역시 동아시아 지성사를 관통하는
중요한 문제의식을 담고 있는 개념이다.

　　우리에게 실은 '열매'라는 의미를 가진 친숙한 표현이다. 고대부터 '실'
은 열매라는 의미로 사용되는 한편 일종의 부사로도 사용되었다. 예를 들
어 "진실한 군자여, 실로 내 마음을 괴롭게 하는구나展矣君子, 實勞我心"(『시경
詩經』) 같은 문장에서 알 수 있듯, 실은 '진실한' '진실로' '실로' '참으로' 등

의 부사적 의미로 사용되기도 한다. 이 때문에 '성誠' '신信' '전展' 등 유사한 의미를 가진 단어와 통용되었다.

갑골문에서 '實'이라는 글자는 발견되지 않는다. 한대 이전 춘추전국시대의 문자인 고문古文에서 '實'은 '이것'을 의미하는 지시대명사 '寔'과 통용된다. 한편 중국 최초의 자전字典으로 평가받는 후한시대 학자 허신許愼(58?~147?)의 『설문해자說文解字』에서 실은 '부富'로 소개되어 있다. 집안에 재화가 쌓여 있다는 의미다. 實이라는 글자의 부분인 '貫'이 재화貨貝를 의미하기 때문이다. 이 때문에 실에는 재물, 재화나 공물, 녹봉과 같은 뜻이 담겨 있다. 고대의 이러한 구체적인 의미들은 점차 확대되고 추상화되어 간다. 학문적 발전에 따라 열매나 재화의 의미를 넘어서 내용이나 본질, 행위, 실천 같은 추상적인 의미로 변화하게 되는 것이다.

'열매'만큼 우리에게 친숙한 '실'의 의미가 또 있다. '가득 차다' '충실하다'는 의미의 형용사다. '實'은 비어 있다는 의미의 '허虛'와 대비되는 뜻으로 쓰이는 경우가 있다. 예를 들어 "충실한 것을 아름답다고 하고 충실해서 빛이 나는 것을 위대하다고 한다充實之謂美,充實而有光輝之謂大"(『맹자孟子』)는 문장에서 보이듯 실은 무엇인가 비어 있지 않고 가득 차 있는 상태를 가리킨다. 이때 가득 차 있다는 것은 단순히 물질적인 것이 공간을 점유하고 있다는 의미가 아니라 모종의 본질 혹은 실질이 충실히 드러난 상태를 가리킨다. 이런 의미가 확장되고 추상화되면 실은 모종의 내용성과 실재성을 가리키는 의미로도 사용된다. 다시 말해 비어 있지 않는, 객관적으로 존재하는 세계 전체 혹은 그 안에 존재하는 개체들을 가리키는 경우에도 실이라는 표현을 사용하게 된 것이다.

실實, 세계를 만들다

이처럼 동아시아인들은 '실'이라는 개념을 이 세계가 허상이 아니라 실재한다는 관념이나 현상 세계와는 다른 진정한 세계가 존재한다는 생각을 표현하는 데 활용해왔다. 결과적으로 실은 인간의 인식 여부와 관계없이 객관적으로 실재하는 것들을 총칭하는 개념이라고 할 수 있다. 이로부터 '실리實理' '실심實心' '실학實學' 같은 학술적 용어는 물론 우리가 친숙하게 사용하는 '실제實際' '실용實用' '실질實質' 같은 실의 파생어들이 나오게 된 것이다.

그러나 어원이나 파생 과정을 넘어 동아시아 지성사에서 발견되는 '실實'은 그 자체의 의미보다는 짝이 되는 다른 개념과의 긴장 속에서 의미와 역할이 결정되는 독특한 개념이라고 할 수 있다. 그 자체로 모종의 내용이나 본질적 의미를 담고 있는 인仁, 의義, 예禮, 덕德 등과 같은 중국 철학의 핵심 개념과 달리, 실은 언제나 단독의 의미가 아니라 개념쌍의 형태로 활용되었기 때문이다. 다시 말해 실은 그 자체로 독자적인 영역과 위상을 확보한 추상적 이념이라기보다는 '명名'이나 '허虛' 등 실과 대응하거나 혹은 대립하는 모종의 관념들과의 '관계' 속에서 의미가 결정되는 유연하고 입체적인 개념이다.

전통적으로 동아시아 철학에서 예禮나 의義가 이론적으로 더 나아가 사회, 문화적으로 그 나름의 고유한 위상과 역할을 유지하며 오랜 세월 발전해왔다면 실은 이 개념들처럼 고유한 위상과 역할을 확인하기 어렵다. 그렇다고 심心이나 성性, 이理처럼 고유한 이론적 위상을 확보한 하나의 주제로서 사변적 논쟁을 이끌어왔다고 보기도 어렵다. 예를 들어 성리학의 핵심 개념을 설명하는 일종의 어원사전인 남송南宋 성리학자 진순陳

淳(1159~1223)의 『북계자의北溪字義』에도 별도로 '실'이라는 항목이 존재하지 않는다. 이런 맥락에서 보면 실은 그 자체로 추상적 내용을 담는 이념적 주제가 아니라 모종의 특질을 묘사하고 설명하기 위해 서술적으로 제시된 개념의 성격이 강하다고 할 수 있다.

대략적으로 말하자면 동아시사 사상사에서 실은 다양한 뜻을 가지고 있고 역사적으로 여러 맥락으로 확장되어 사용되었지만 그 분기는 크게 두 가지로 분류될 수 있다. 다양한 실의 의미와 파생형들은 세계나 진리의 진실성이나 진정성을 표현하는 경우와 객관적 세계 혹은 근원적 이념이나 가치의 실재성을 드러내는 경우 등 두 가지 계열로 구분될 수 있다.

전통적으로 실은 명名에 대응하는 개념으로, 또는 허虛에 대립하는 개념으로 간주되어 왔다. 전자가 선진시대 유가儒家를 포함한 제자백가諸子百家의 논쟁거리였다면 후자는 도가道家나 불교를 이단화하고 유학을 정학正學, 도통道統의 위상에 세우는 이념적 토대였다. '실'이 철학적 맥락에서 처음으로 부각된 것은 선진시대 제자백가가 공통적으로 관심을 두고 논쟁에 참여했던 '명실론名實論' 혹은 '명실지변名實之辯'에서였다.

명실론은 유가 등 특정 학파의 고유한 이론이 아니라 제자백가의 공통적인 관심사였다. 유가, 묵가墨家를 비롯해 명가를 대표하는 공손룡公孫龍(기원전 320~기원전 250) 등 이 시기에 활동했던 많은 사상가가 이름과 실질의 관계에 대한 논쟁 즉 명실론에 참여했다. 명실론은 일차적으로 언어 혹은 개념과 실제 혹은 실질 사이의 관계를 다루는 언어적이고 논리적인 문제이자 올바른 인식을 둘러싼 인식론적 논의라고 할 수 있다. 그러나 공자孔子를 비롯해 유가들에게 명실론은 단순히 논리적 차원의 문제가 아니

실實, 세계를 만들다

라 정치적, 도덕적 차원의 논의이기도 했다. 이름에 걸맞은 실질이란 결국, 군주君主라는 이름에는 그에 합당한 정치적 행위와 도덕적 태도가 요구되듯, 사회적 위상에 따라 부여된 적절한 정치적 위상과 명분에 맞는 올바른 정치적 행위를 의미하기 때문이다.

실이 다시 철학적 문맥에서 중요하게 부각된 것은 송대 성리학性理學을 통해서다. 자신들의 학문을 참된 학문, 현실 세계를 벗어나지 않는 실제적 학문이라는 의미에서 '실학實學'이라고 규정했던 성리학자들이 현실 세계를 벗어나 고원한 공리공담에 불과하다는 의미에서 불교나 도교를 '허학虛學'이라고 규정함으로써 실을 허와 대비시키고자 했기 때문이다.

성리학자들은 자주 이理 즉 성리학에서 말하는 우주의 근원적 원리를 '실리實理'라고 표현한다. 굳이 실리라는 표현을 쓰는 것은 이理가 공허한 개념이 아니라 실재한다는 것을 강조하기 위해서다. 다시 말해 이理 앞에 붙어 있는 '실'은 이 세계에 보편적 원리로서의 이가 '실재'한다는 강한 신념을 드러낸다. 우리가 경험하며 살아가는 이 세계는 관념에 불과한 '허虛'하거나 '공空'한 것이 아니라 실재하는 이理에 의해 현실화된 진정한 세계라는 의미다.

허나 무, 공의 반대항으로서 성리학자들이 상상한 실은 자신들의 학문적 지향을 다른 학술과 차별화하는 중요한 근거였으며 자기 학술의 진정성에 대한 자긍을 표현하는 말이기도 했다. 더 나아가 실은 학술을 이념에 가두지 않아야 한다는 실천성의 자각과도 연결되어 있다. 다시 말해 실은 학문이 이상적인 이념 차원에 그쳐서는 안 되며 언제나 민생과 연결되어 실천되고 실현되어야 한다는 실행력을 의미하는 지향성의 개념이기도 하다.

우리에게 가장 친숙한 '실'의 용례는 조선 후기의 특정한 학풍을 지칭하는 용어로 활용되는 '실학實學'일 것이다. 그러나 일반적으로 조선 후기의 주류적 담론이었던 성리학과 대별되는 별도의 학풍으로서 '실학'이라는 개념이 정립되고 이론적으로 활용되기 시작한 것은 조선시대가 아니라 20세기 이후였다. 전통적인 용법의 '실학'과 달리 조선 후기의 특정한 사조를 가리키는 특수한 용어로서의 '실학'이 논의되기 시작한 것은 1930년대 이후다.

실학은 19세기 말에도 사용되던 유학의 일반적인 용어였지만 결과적으로는 20세기 조선학 운동 등을 통해 조선 후기의 사상적 경향을 지칭하는 고유한 학술의 명칭으로 자리 잡는다. '실'이 전근대와 근대가 교차되는 지점에서 다시 한 번 새로운 역할과 위상을 부여받으며 강력한 영향력을 행사하게 된 것이다. 제국주의 일본에 의해 국권을 빼앗기고 국가를 상실한 뒤 20세기 초반의 지식인들에게 남은 것은 '민족'과 지난 시대 조선의 학술적 자원들뿐이었다. 일본을 통해 서양의 근대적 학문 체계가 급격히 유입되던 이 시기에 지식인들은 조선 후기의 학풍을 '실학'이라 부르며 그 안에서 모종의 근대성을 찾아내고자 시도했다. 조선 후기의 새로운 학풍인 실학 안에도 근대성의 싹이 자라나고 있었다는 것이다.

실의 또 다른 변용은 서구의 철학 용어와 결합한 뒤에 나타났다. 서양철학의 sustance가 한자어 '실체實體'로, entity가 '실재實在'로 번역된 이후 실에는 서양 철학의 특질까지 담기게 되었다. 서양 철학에서 실재는 이 세계의 구체적인 경험 세계 밖에 존재하는 근원적인 존재를 의미하며, 실체

실實, 세계를 만들다

는 감각이나 지각의 배후에 존재하는 독립적인 존재를 지칭하는 표현이라는 점에서 동아시아 고유의 실의 의미망과 유사하면서도 분명한 차이점을 보인다.

동아시아의 지성사 안에서 '실'은 상당히 중요한 위상을 가지며 철학적 긴장을 이끄는 중요한 개념으로 기능해왔다. 선진시대 제자백가부터 현대에 이르기까지 동아시아 지성사를 이해하기 위해 반드시 해명되어야 하는 중요한 개념인 것이다. 특히 실은 이론적 경쟁자들과 대결하는 과정에서 자신들의 지적 전통과 지향에 우월성과 정당성을 부여하기 위해 사용하는 재귀적 관념이었다는 사실이 중요하다.

나중에 살펴보겠지만 이정二程 형제, 주희朱熹와 같은 성리학자들이 실학이라는 말을 통해 도교와 불교를 비판했다는 점이 이를 잘 보여준다. 그러나 송대 성리학의 사변성을 비판하고자 했던 양명학자들은 양명학에 비해 성리학이 도리어 허학이라고 비판하며 마음의 현실적 작용을 '실심實心'이라는 용어를 통해 강조하기도 한다. 오랫동안 진정한 실학으로 자임해오던 성리학이지만 '실'의 실천성과 실용성을 강조하는 다른 관점에서 얼마든지 비판적으로 평가될 수 있음을 보여준다.

결론적으로 동아시아 지성사의 맥락에서 실은 특정한 사실 혹은 명확한 대상에 붙어 있는 고정적인 개념이 아니라 이론적 특징에 대한 기대와 지향을 담은 역동적인 개념임을 확인할 수 있다. 이 책에서는 동아시아 지성사에서 유구하게 지속되고 역사적으로 발전되어온 실의 의미와 역할, 이로 인한 논쟁들을 짚어보고 원전의 문맥을 통해 이를 폭넓게 살펴보고자 한다.

2.
공자의 실

　　선진시대에 실은 주로 '명'과 함께 운용되는 개념이었다. 잘 알려져 있듯 공자가 활동했던 춘추시대는 천하의 패권을 잡고 있던 주나라의 권위와 질서가 무너져가기 시작하던 분화의 시대였다. 생산력이 발달하고 각 지역에서 힘을 키운 세력들이 등장하면서 이른바 '예악禮樂'으로 대표되는 주나라 제도, 문물의 권위와 역할이 약해지자 이름과 실제, 개념과 그 실질이 일치하지 않는 현상들이 나타나기 시작했다. 경제적, 정치적, 사상적 분화가 전통적인 질서를 깨뜨리면서 새로운 질서를 요청하던 시기였다.

　　이 시기의 정치적·사회적 분화를 일종의 혼란으로 느낀 학자들이 있었다. 이들 중에는 혼란의 원인을 이름과 실질이 일치하지 않는다는 것, 다시 말해 명과 실의 혼란 혹은 불일치에서 찾는 학자들이 있었다. 이런 이론적 관심과 논쟁을 '명실론名實論'이라고 부른다. 명실론은 사실 특정 학파나 학자의 고유한 이론이 아니라 선진시대 학자들의 공통된 관심사였다.

기본적으로 명실론은 사물에 부여된 이름과 그에 대응하는 실제 사이의 관계에 대한 이론과 논쟁을 가리킨다. 명실론은 고대 중국 철학의 고유한 주제로 유가와 묵가, 도가 등 여러 학파에서 중요하게 다룬 보편적 담론 중 하나였다. 다만 고대 유학의 가장 중요한 문헌 중 하나인 『논어論語』의 경우 명실론에 대한 직접적인 관심이나 주제의식이 명확하게 드러나지 않는다. 『논어』에는 '명'이라는 표현은 보이지만 이에 대응하는 '실' 개념은 명확하지 않기 때문이다. 『논어』에 등장하는 '실'은 명실론의 이론적 관점에서 나온 것이 일종의 형용사적인 용법으로 사용된 것이다. 그럼에도 『논어』에서 명과 실의 문제는 핵심적 논점 중 하나다. 공자가 '정명론正名論'이라는 구도를 통해 그 어떤 학자보다 분명하게 이름과 그 실제의 바람직한 관계에 관해 논했기 때문이다.

어느 날 공자의 제자인 자로子路는 스승인 공자가 정치에서 중요한 역할을 할 수 있다면 가장 먼저 무엇을 하실 것인지 묻는다. 이 질문에 대해 공자는 망설임 없이 '이름을 바로 잡을 것'이라고 답한다. 과연 이름을 바로잡는다는 것은 무엇을 뜻하는 것이며, 그러한 과정이 정치에서 왜 중요한가? 이에 답하기 위해서는 먼저 공자가 생각하는 '명'이 무엇인지 알아야 할 것이다.

공자는 "만약 이름이 바르지 않으면 말이 정연하지 않고, 말이 정연하지 않으면 일이 제대로 성취되지 않고, 일이 성취되지 않으면 예악이 흥성하지 않고, 예악이 흥성하지 않으면 형벌의 적용이 올바르지 않게 된다. 형벌의 적용이 올바르지 않으면, 백성은 무엇을 어찌해야 할지 모르게 된다. 그런 까닭에 군자는 이름을 붙였으면 반드시 말할 수 있어야 하고, 말을 했으면 반드시 실행할 수 있어야 한다名不正, 則言不順, 言不順, 則事不成, 事不

成, 則禮樂不興, 禮樂不興, 則刑罰不中, 刑罰不中, 則民無所措手足. 故君子名之必可言也, 言之必可行也"(「헌문憲問」)라고 말하며 정치에서 이름의 중요성을 강조한다. 공자에 따르면 이름이란 궁극적으로 사회적으로 통용되는 언어와 규약들을 가리키며 실이란 그 언어가 지시하는 대상이자 그 이름에 기대되는 실질적인 내용을 가리킨다.

『논어』의 맥락에서 명은 실제 세계를 언어 안에 반영함으로써 사회적으로 통용시키려는 일종의 사회적 실천이라고 할 수 있다. 공자는 명이 실제를 담지 못하거나 실제와 언어가 일치하지 않을 때 심각한 사회적 혼란이 발생할 수 있다고 생각한다. 이런 맥락에서 공자의 정명론은 혼란스러운 통치 질서를 회복하고 공동체의 안정을 확보하기 위해 제안된 일종의 정치적 원칙이다.

공자뿐 아니라 유가의 관점에서 명은 "대저 저 명으로 의를 제정하고 의로 예를 산출하며 예를 정치의 토대로 삼고 정치로 백성을 바르게 하니 그러므로 정치가 이루어지면 백성이 따르게 된다夫名以制義, 義以出禮, 禮以體政, 政以正民 是以政成而民聽(『좌전左傳』 환공桓公 2년)"는 『좌전』의 문장에서 알 수 있듯 올바른 정치의 출발점이자 토대로 여겨졌다. 다시 말해 명은 단순히 사물의 이름을 통칭하는 말이 아니라 통치 행위의 토대를 이루는 사회적 준거들과 정치적 명분을 의미한다. 이런 관점에서 본다면 명을 바로잡겠다는 공자의 의도는 단순히 사회적으로 통용되는 사물이나 직함의 명칭을 바로잡고 정리하겠다는 것이 아니다. 더 나아가 사회적 준거들을 질서 있게 정리하겠다는 의미도 아니다. 이름을 바로잡겠다는 공자의 선언은 정치적 차원에서 사회적 준거와 틀인 개별적인 명칭과 명분이 그에 합당한 분명하고 의미 있는 실질을 갖추도록 하겠다는 의미다.

『논어』「안연顏淵」편에 등장하는 다음 문장이 이를 잘 보여준다.

제나라 경공이 공자에게 정치를 물으니 공자가 대답하셨다. "임금은 임
금다워야 하고, 신하는 신하다워야 하며, 아버지는 아버지다워야 하고,
자식은 자식다워야 합니다." 경공이 답했다. "맞습니다. 임금이 임금답
지 못하고, 신하가 신하답지 못하며, 아버지가 아버지답지 못하고, 자식
이 자식답지 못하다면 양식이 많다 한들 어찌 그것을 먹을 수 있겠습니
까齊景公問政於孔子. 孔子對曰 君君, 臣臣, 父父, 子子. 公曰 善哉! 信如君不君, 臣不臣, 父
不父, 子不子, 雖有粟, 吾得而食諸?"

공자는 누구라도 그것에 기대되는 실질을 올바르게 갖추었을 때 그 사
람에게 올바른 명칭이 허용될 수 있다고 생각했다. 실질이 갖추어져야만
그 대상에 부여된 사회적 의미로서의 이름이 분명한 역할과 기능을 할 수
있다는 것이다. 공자의 관점에서 군주는 군주의 역할에 맞는 실질을 획득
했을 때 비로소 군주로 불릴 수 있다.

아버지 역시 마찬가지다. 아버지라는 이름에 걸맞은 실질적인 태도와
실천이 있고 그에 합당한 태도와 실천을 보여줄 때 아버지라는 명과 실이
일치하게 된다. 공자는 사회적 관계와 위상에 부여된 이름들을 하나의 규
범이자 준거로 보고 누구나 그에 맞는 실질적 내용과 태도, 실천이 갖추도
록 노력해야 한다고 강조하는 것이다.

이러한 맥락에서 공자에게 명은 임의적으로 부여된 기능적인 명칭이나

상황에 따라 변할 수 있는 가변적인 형식이 아니라 보편적이고 당위적이며 동시에 가치적인 개념이다. 누구에게나 동일한 의미로 통용되어야 하며 명 자체가 실질과 그에 따르는 실천을 추동하는 힘을 가지고 있기 때문이다. 임금은 임금'다워야' 한다. 그것이 옳고 바른 것이다. 공자는 '실'의 의미와 역할에 대해 상세히 설명하지 않았지만 각 명칭에 기대되는 올바른 기대 효과들 즉 '~다움'이 곧 공자가 요구한 실의 진정한 의미일 것이다.

이때 언어는 규범적 역할을 하고 실은 그 규범이 지시하는 내용이 실질적으로 충족된 상태를 의미한다. 다시 말해 아버지에게 요구되는 덕목과 태도와 실천이 실질적으로 자식과의 관계에서 실현된 상태, 임금에게 요구되는 덕목과 태도와 실천이 실제로 신하와 백성들과의 관계에서 현실화된 상태인 것이다.

공자는 명과 실의 관계에서 명을 사회가 따라야 할 표준적 이념으로 보고 실을 그에 일치시켜야 한다고 주장한다. 명은 주나라의 예약제도인 『주례周禮』처럼 불변하는 보편적 원칙의 역할을 하기 때문에 공자는 변화하는 상황을 명에 맞춤으로써 질서를 바로잡고 정치적 혼란을 극복하고자 한다.

이런 맥락에서 실은 단순히 개별적 사물이나 실질적인 내용을 넘어, 명의 의미와 역할과 그 효과를 정당화하는 실질적 기준이라는 의미를 갖는다. 결과적으로 공자 이후 유가에게 명과 실의 일치 문제는 언어적이거나 논리적인 문제가 아니라 올바른 정치적 실천에 대한 사회적 기대와 제재라는 정치적이고 윤리적인 성격을 띠게 된다. 공자는 명이란 정치 질서를 유지하기 위한 규범적 요구를 담고 있는 보편적인 형식이자 이념으로 인식하고, 명을 바로잡음으로써 올바른 명 안에 실질을 구축하고 그것을 실현함으로써 진정한 도덕 정치가 실현될 수 있다고 믿었던 것이다.

3

맹자의 실

공자보다 150여 년 뒤에 태어난 전국시대 사상가 맹
자孟子는 일반적으로 공자를 계승해 유학을 발전시킨 인물로 평가받는다.
사실 맹자는 공자에게 직접 배운 일이 없지만 스스로 공자를 유일한 학문
의 종주로 삼아 계승하고자 했다. '공맹孔孟'처럼 공자와 맹자가 짝으로 연
결된 것은 공자의 의지가 아니라 공자를 따르고자 했던 맹자의 의도에서
비롯된 결과라고 할 수 있다. 사상적으로 공자를 계승하고자 했던 맹자 역
시 명과 실의 문제에서 기본적으로 공자의 입장을 따른다.

맹자에게도 사회적 규범으로서의 명칭이자 사회적 역할로서의 명분인
명과 그에 따른 실질·실제 대상이었던 실은 중요한 사상적 문제 중 하나였
다. 다만 『맹자』에 공자가 내세운 '정명' 즉 이름을 바로잡는다는 구체적인
명제는 나오지 않는다. 실의 경우 『맹자』 전편에 걸쳐 총 18번 등장하는데
'인의 실질은 어버이를 섬기는 것仁之實, 事親是也'이라는 구절에서 보듯, 실
제나 실질이라는 의미로 사용된 곳이 많다.

그러나 명과 실을 함께 다루지 않았던 『논어』와 달리 『맹자』에는 명과 실이 하나의 개념쌍으로 등장한다. 맹자 자신의 말이 아니라 순우곤淳于髡이라는 제나라 출신 변자辯者와의 대화를 통해서다. 순우곤이 어느 날 맹자에게 다음과 같이 질문한다.

명과 실을 앞세우는 것은 다른 이들을 위함이고 명과 실을 뒤로 하는 것은 자신을 위함입니다. 선생께서는 삼경三卿의 지위에 있으면서 아직 명과 실이 상하에 드러나지 않았는데 떠나셨으니 인仁한 자도 본래 이러한 것입니까淳于髡曰, 先名實者, 爲人也. 後名實者, 自爲也. 夫子在三卿之中, 名實未加於上下而去之, 仁者固如此乎？(『맹자』「고자 하」)

여기서 순우곤이 말하는 명은 덕이나 능력에서 비롯된 일종의 사회적 명성을 의미하고 실은 정치적인 실적 혹은 공과를 의미한다. 순우곤은 인자라는 명성이 있지만 정치적으로는 그에 걸맞은 실질적 결과를 보여주지 못한 사례들을 들면서 이를 어떻게 평가해야 하는지를 묻고 있는 것이다. 순우곤의 의도는 공자가 그러했듯 맹자 역시 정치적으로 실질적인 공적을 세우지 못했기 때문에 인자라고 볼 수 없다고 비판하려는 것이다.

이 질문에 대해 맹자는 백이伯夷, 이윤伊尹, 유하혜柳下惠 같은 선대 정치가들이 어떤 경우에 정치에 나아가고 어떤 경우에 물러났는지 그 정치적 거취의 선택을 열거하고 그들의 거취가 모두 다르지만 한결같이 '인仁'으로 귀결될 수 있다고 주장한다. 맹자의 생각은 외부로 드러난 이름에서 실질을 구해서는 안 된다는 것에 가깝다.

이에 대해 순우곤은 여러 능력자의 예를 들어 만약 사회를 실질적으로 바꿀 능력이나 힘이 있다면 반드시 드러날 것이라고 반론한다. 실질이 있으면 반드시 명으로도 드러난다는 의미다. 그러나 맹자는 순우곤의 생각에 동의하지 않고 다음과 같이 말한다. "공자가 노나라의 총재司寇가 되셨는데 (공자의 정치적 제안이) 쓰이지 않고 게다가 제사가 끝났는데도 법도상 와야 할 제사 고기가 이르지 않자 면류관도 벗지 않고 떠나셨다. 공자를 모르는 사람들은 제사 고기 때문에 떠났다고 하고 공자를 아는 자들은 왕이 무례했기 때문에 떠났다고 한다. 그러나 공자께서는 사소한 문제를 빌미삼아 노나라를 떠남으로써 정치적 문제를 내세워 구차하게 떠나려 하지 않으신 것이니 군자가 하는 바를 사람들이 진실로 알지 못하는 것이다."

순우곤의 일관된 주장은 '현자로 평가되는 사람이 있다면 반드시 그 실질이 드러난다'는 것이다. 명성에 맞는 실질이 있다면 그 효과가 분명히 나타날 것이라는 것이다. 그러나 맹자가 마지막에 공자의 일화를 들어 설명하려는 핵심은 분명하다. 올바른 가치를 실현하고자 하는 군자의 선택과 실천은 겉으로 드러난 명에 의해 좌우되거나 명분에 흔들리지 않으며, 그가 추구하는 진정성 즉 실은 명에 가려지지 않는다는 것이다.

더 나아가 맹자는 명에 실을 맞추려는 것이 아니라 실이 있다면 명으로 반드시 드러나지 않아도 상관없다고 생각한다. 공자가 기존의 제도와 사회적 규범을 명으로 보고 그 실질을 채워나가는 것을 정치적인 올바름이라고 본 반면 맹자는 정치적으로 옳은 신념을 가진 군자라면 외적인 이름이나 명성 심지어 명분에도 흔들릴 필요가 없다고 본다. 공자와 달리 맹자는

실實, 세계를 만들다

명과 실의 관계에서 명의 보편성이나 안정성보다는 '실'의 차원을 더 강조하고 있다.

　이런 맥락에서 맹자는 사람들이 표면적으로는 군자를 공경한다고 해도 실질 즉 "공경의 마음이 없다면 군자는 헛되이 거기에 얽매이지 않는다 恭敬而無實, 君子不可虛拘"고 말하기도 한다. 맹자에게 중요한 것은 사회적으로 통용되는 이름이나 사회적인 인정이 아니라 구체적인 가치나 실질적인 실천이었던 것이다. 그렇다고 해서 맹자가 공자가 제안한 '정명' 즉 올바른 이름과 적절한 명분의 사회적 실현을 중시하지 않았다는 것은 아니다.

　차라리 맹자는 실의 의미를 더 강화하고 세분화했다고 할 수 있다. 맹자에게 실은 단순히 이름이 가리키는 대상이나 이름에 기대되는 추상적인 내용이 아니라 부모에 대한 효도나 어른에 대한 공경처럼 가치와 이념들을 담은 구체적인 실천을 의미하기 때문이다. 그리고 이 가치와 실천이 모두 인의예지仁義禮智와 같은 유가적 덕목이 현실화되는 왕도정치를 향하고 있다는 것은 더 강조할 필요가 없을 것이다. 맹자는 명을 기준에 두고 실을 맞추려 하기보다 실을 갖춘 군자의 실천을 기대했다고 볼 수 있다. 명을 사회적 규범이자 기준으로 삼아 이에 걸맞은 실질을 확보하려 한 공자와 달리 맹자는 명을 명예나 명성 등 외적으로 표출된 사회적 틀로 보고 이보다는 진정성 있는 실천과 실현이 더 중요하다고 주장하는 셈이다. 여전히 공자의 문제의식과 이념을 공유하지만 맹자는 시대적 변화에 따라 외적으로 드러난 이름이나 명분보다 올바른 가치의 실천과 실현에 더 큰 비중을 두고자 했던 것이다.

4.
노자와 장자의 실

중국 사상 가운데 노자老子만큼 현대인들에게 다양한 영감을 주는 철학자도 없을 것이다. 고대 중국의 철학자 노자가 썼다는 책 『도덕경道德經』은 서양에서도 인기가 높아 수백 종의 번역본이 있다. '도가道家'라는 독특한 사조를 대표하는 고대 중국 철학자 노자는 생몰년을 특정할 수 없는 전설적인 인물이지만 그가 남겼다는 『도덕경』은 유학과 다른 측면에서 세계와 인간을 바라보는 동아시아 사상의 축으로 자리 잡았다.

잘 알려져 있듯 도가 철학을 연 노자는 '도道'라고 불리는 근원적 힘 또는 개별적 생명을 산출하는 거대한 자연적 힘이 실재한다고 믿었다. '도'는 유학에서도 사용되는 개념이지만 노자는 이를 개체로 분화되기 이전의 만물의 근원적 원천이라고 생각했다. 흥미로운 것은 노자가 이 도를 언어로 표현할 수 없다고 본 점이다. 언어는 연속되어 있고 중첩되어 있는 사태들을 분절하고 고정시키는 효과가 있기 때문이다. 예를 들어 누군가를

'겁쟁이'라고 부른다면 그 말은 그 사람에 대한 강력한 규정이 되어버려 그 사람의 다른 특성은 무시되기 쉽다. 언어가 사태를 자르고 규정해서 한정 시킨 것이다. 노자는 이처럼 한정된 인간의 사유와 인식 능력에서 비롯된 '언어'로는 항상 변화하는 우주의 실재를 포착할 수 없다고 강조한다. 세계 의 진정한 본질은 인간의 사유나 언어에 갇히지 않는다.

이런 맥락에서 노자는 '명' 다시 말해 사물과 사태에 대해 인간이 붙인 이름들이 우주 만물의 근원과 그 작동을 설명하기에 유효하지 않다고 생 각했다. 노자에게 이미 언어로 표현될 수 있는 것은 진정한 상태에서 벗어 난 것이다. 더 나아가 언어는 표준화하고 일반화하는 힘 때문에 끝없이 변 화하는 정형화될 수 없는 실제의 세계를 제대로 담을 수 없다. 개별적인 존 재는 모두 다른데도 하나의 보편적 이름이 생기면 그 존재의 개성이나 구 체성은 이름이 지시하는 일반성 속에 갇히기 때문이다. 노자는 언어에 대 한 이러한 비판적 인식을 '무명無名'이라는 개념으로 표현한다.

'무명'이란 이름이 변화하는 실제 세계를 포착하거나 담을 수 없다는 도가의 핵심 개념 중 하나다. "도는 감추어져 이름이 없다道隱無名"거나 "억 지로 이름 붙여 크다고 한다强爲之名曰大"와 같은 구절에서 볼 수 있듯, 노자 는 진정한 세계, 대상의 실질은 언어적인 규약이나 사회적인 명분에 갇힐 수 없다는 입장을 고수한다.

노자의 입장에서 명은 실제를 다 담을 수 없는 일종의 사회적 약속에 불과할 뿐 아니라 사회를 혼란스럽게 만드는 원인 중 하나다. 사회적 현상 이나 인간의 활동에 명칭을 부여하고 그에 따라 의무를 부과하거나 통제 하는 것, 다시 말해 '정명'의 과정은 유가적 입장에서는 바람직한 통치 방법이지만 노자의 입장에서는 행위나 현상에 이름을 붙이는 것 자체가 통제를 위한 수단에 불과하다. 만약 이름을 통해 정치를 안정시키고자 한다면 실제 혹은 본질은 더욱 멀어지게 된다. 결과적으로 노자의 무명론은 명과 실의 관계에서 실보다 명을 우선시한 유가 사상에 대한 비판을 담고 있다고 할 수 있다.

장자莊子는 대표적인 도가 철학자이지만 노자를 계승했거나 노자의 문제의식을 발전시킨 것은 아니다. 장자의 철학은 노자 철학과 유사한 배경에서 출발하지만 더 넓고 다양한 스펙트럼을 지닌다. 『장자』의 저자가 '장주莊周'라는 한 사람이 아니라는 것도 하나의 원인일 것이다. 장자의 사유를 담은 『장자』는 장주莊周 즉 장자가 직접 쓴 것으로 알려진 「내편內篇」을 제외하고는 일종의 집단 창작물로 알려져 있다. 여러 시기에 걸쳐 여러 사람의 이야기가 『장자』라는 이름 아래 묶여 유통되었고 후대 학자가 지금의 「내편」「외편外篇」「잡편雜篇」의 구조로 재편한 것이다. 서로 모순되는 이야기나 관점이 등장하는 것도 '장자들'의 생각이 다양했기 때문이다. 명과 실의 문제에 있어서도 장자는 노자와 유사하면서도 다르다.

"도란 본래 한계가 없고 말이란 애초에 일정한 내용이 없다夫道未始有封, 言未始有常"(「제물론齊物論」)는 말에서 볼 수 있듯, 장자도 언어가 고정된 내용을 가진 불변하는 것이 아니라 사람들의 반복적 사용으로 인해 일종의 약속으로 이루어진 결과라고 생각한다. 마치 길이 여러 사람이 자주 지나다닌 결과로 자연스럽게 생겨나듯 언어도 사람들이 이름을 붙인 결과 성립되었다는 것道行之而成, 物謂之而然(「제물론」)이다. 이름보다 근본적인 것은 어떤 대상의 실질이다. 장자는 이를 "이름은 실질의 손님이다名者實之賓也"

실實, 세계를 만들다

(「소요유逍遙遊」)라는 문장으로 표현한다.

『장자』 전편에 걸쳐 명과 실이라는 표현은 여러 번 등장하는데 대체로 이름과 실질, 명예와 실리, 명분과 실제 등의 의미로 사용되는 경우가 많다. 기본적인 발상은 실질이 이름이나 명예보다 더 중요하다는 입장이지만 명예와 실리로 해석될 때는 양쪽 어디에도 얽매이지 않을 것을 주장하기도 한다. 다만 동시대에 활동한 혜시惠施를 비롯해 언어와 실질의 관계를 논리적으로 따지는 '명가名家'들과는 달리 장자는 명과 실을 논리적 차원에서 다루지 않았다. 장자는 이름을 붙여 사물을 세분화하는 데 관심을 두지도 않았지만 정치적 차원에서 명과 실의 합치를 주장하지도 않는다.

장자의 관심은 어떻게 하면 개체가 외물과의 관계에 휘둘리지 않고 스스로 중심과 안정성을 유지하는가에 있었기 때문에 명과 실 역시 인간이 집착해서는 안 될 외적인 것이라는 의미로 사용되었다. 마음의 재계를 의미하는 심재心齋, 자신과 외부를 대상화하지 않고 스스로를 풀어 잊는다는 좌망坐忘, 시비 어느 쪽에도 서지 않는 조화와 균형을 의미하는 양행兩行 등 외부 세계와의 관계 속에서 자신을 유지하는 방법을 논했던 장자에게 명과 실 역시 논리적이거나 정치적인 문제가 아니라 자기 자신을 유지하고 안정시키는 문제와 관련되어 있다.

5. 순자의 실

순자荀子(기원전 298~기원전 238)는 유학자들뿐 아니라 당대 여러 학자가 논의하고 토론했던 '명과 실'이라는 주제를 독자적으로 발전시킨 철학자다. 맹자와 마찬가지로 전국시대에 활동했던 순자는 소년 시절부터 당시의 강대국 제나라의 후원을 받으며 학문을 연마하면서 자신의 뜻을 펼칠 기회를 엿보던 인물이었다. 유학자로서 순자는 예와 의 같은 유학의 핵심적 개념들을 발전시키기도 했지만 이름과 실질, 이름의 제정과 기준, 명칭들의 논리적 관계에 관심이 많았다. 엄밀히 말해 공자가 제기한 정명론을 유학사 안에서 보다 발전시킨 인물은 공자의 계승자를 자처했던 맹자가 아니라 순자였다. 순자의 사상을 집대성한 『순자荀子』에는 이름과 실제에 관해 그리고 이름의 제정과 그 기준에 관한 심도 깊은 이론을 담고 있는 「정명正名」 편이 독립적으로 존재한다.

순자는 「정명」 편을 통해서 명에 관한 이론을 본격적으로 다루면서 이론적으로 심화했다. 여기서 순자는 여러 학자의 명실론과 공자의 정명론

실實, 세계를 만들다

을 종합해서 자신만의 정명론을 구축해낸다. 순자에게도 정명 즉 이름을 바로잡는 것은 사회 질서, 정치적 안정을 위해 선결되어야 하는 토대였다.

명과 실에 관한 순자의 기본적인 입장은 "지금은 성왕聖王들이 사라져 이름을 지키는 일이 태만해지고 기이한 말들이 생겨나 명과 실이 혼란스러우며 옳고 그름의 상황이 분명하지 않으니 비록 법을 지키는 관리나 경서를 연구하는 유학자라 해도 역시 모두 혼란에 빠져 있다"는 문장에 분명히 드러난다. 그에게 심각한 문제로 비추어졌던 것은 성왕이 제정한 '명'이 혼란스러워진 당대의 현실적 상황이다. '명'의 혼란이 곧 사회적 혼란의 원인이라는 것이다. 이때 순자가 생각하는 명이란 임의적이거나 자연적으로 발생한 사회적 통약이 아니라 성왕이 제정한 제도이자 규준이었다.

순자는 명이란 성왕이 제정한 것이고, 그 명칭에 따라 실질적인 내용이나 대상이 명확해진다고 여긴다. 명칭에 따라 실제가 정해지면 이를 바탕으로 정치가 안정적으로 실현될 수 있다는 것이다. 이름이 효과를 발휘하는 것은 백성들이 이를 따를 수 있기 때문이다. 다시 말해 이름은 백성을 이끄는 사회적 기준이나 규준 역할을 한다. 결과적으로 이름을 제정하고 운용한다는 것은 백성들을 이끌고 통제할 사회적 기준을 세우고 운영한다는 것을 의미한다. 순자에게 이름과 그에 맞는 실질은 사회 정치적 질서의 토대가 되는 것이다.

이런 맥락에서 순자는 이름과 실질 사이의 불일치가 사회적 혼란을 유발하는 상황을 경계했으며 특히 언어적 소통 과정에서 상대를 이기기 위해 궤변을 만들어 상대방의 논리적 약점을 공격하려는 변자들의 입장을 비판한다. 특히 순자는 이름을 어지럽힌다는 의미에서 '삼혹三惑'이라고 부르며 이들을 궤변론자로 규정한다. 순자는 "이름으로 이름을 어지럽히는 것" 즉 확정되지 않은 개념으로 다른 개념의 의미를 혼란하게 하는 것이나 "실제를 가지고 이름을 어지럽히는 것" 즉 변수나 차이가 있는 개별적인 것을 가지고 보편적인 개념을 깨려는 것, "이름으로 실제를 어지럽히는 것" 즉 보편적 개념 안에 들어오지 않는 개별적인 실제로 이름이 혼란스러워지는 것을 강하게 비판한다. 이렇게 이름 즉 개념과 그것이 표상하는 실제 사이의 관계가 혼란해진다면 사회적 혼란이 발생할 수 있기 때문이다.

순자는 백성이 하나의 사건에 대해 서로 다른 이름을 부여하고 그에 따라 서로 다른 실질이 존재하는 것처럼 여기게 된다면 같고 다름, 옳고 그름을 밝힐 수 없다고 경고한다. 따라서 기이한 명칭을 만드는 일이나 자의적으로 의미를 변경하면 정치적 질서 자체가 훼손되거나 혼란스러워질 수 있다. 순자는 올바른 명칭이 어지러워지면 백성은 의혹을 품고 소송도 끊이지 않을 것이라고 생각한다. 반대로 명칭이 올바르다면 이에 따라 같은 것과 다른 것, 옳은 것과 그른 것, 귀한 것과 천한 것을 구분할 수 있게 된다. 결과적으로 순자에게 명은 정치적 행위의 토대로서, 백성이 표준으로 삼고 따라야 할 규범이자 규준의 역할을 한다.

제도의 안정적 운용과 그로 인한 사회 질서의 관점에서 명을 파악하는 순자는 명을 다양한 분기로 분류한다. 예를 들어 '형법의 명칭刑名' '작위와 등급의 명칭爵名' '예와 제도에 관한 명칭文名' '일반적인 사물과 현상을 가리키는 명칭散名' 등이 그것이다. 이때 실이란 이 명칭들에 기대되는 효과를 충분히 실현하는 것이다. 임금이 임금의 직분을 다하고 신하가 신하의 직분을 다하고 아버지가 아버지의 직분을 다하고 자식이 자식의 직분을 다하며, 형, 아우, 농부, 선비, 공인, 상인이 각각 자신의 명칭에 걸맞게 실천할 때君君, 臣臣, 父父, 子子, 兄兄, 弟弟一也, 農農, 士士, 工工, 商商一也(「왕제王制」) 사회적 질서가 유지될 수 있다.

명과 실에 관한 순자의 기본적인 입장은 "이름을 제정하여 실제를 가리킨다制名以指實"는 것이다. 이름이 규정되지 않으면 사물의 명과 실이 뒤얽혀 사물의 실제에 대한 객관적인 판단이 어렵기 때문이다. 이름을 만들기 위해서는 객관적인 상태를 정확히 판단해야 한다. 순자는 이를 '계실정수稽實定數'라고 한다. 실제를 헤아려 수를 정한다는 뜻이다. 이름을 정할 때 사물의 실질 혹은 실제를 고려하지 않으면 이름으로 통용될 수 없다. 그러나 이름 자체는 하나의 약속이고 약정일 뿐 이름에 고정된 실제가 있는 것은 아니다.

또한 순자는 단명單名, 겸명兼名, 별명別名, 공명公名 등 명을 범주에 따라 논리적으로 세분화했다. 단명이란 단일한 개념으로 이루어진 단어이고 겸명이란 두 가지 개념이 복합된 것이다. 돌이 단명이라면 단단한 돌은 복명이 된다. 또 별명과 공명의 관계는 개별자와 유類의 관계와 같다. 책상은 가구에 대해 별명이고 가구는 책상에 대해 공명이 된다. 명을 세분화하고 논리적으로 정리하고자 한 것은 순자가 후기 묵가나 명가와의 논리적 대결을 통해 공자의 정명론을 이론적으로 심화해나가고자 했음을 보여준다.

궁극적으로 순자는 명을 고정불변하는 초역사적인 것이 아니라 사회적인 합의 과정과 역사적 변천 과정을 거쳐 형성된 기능적인 규약들로 이해한다. 사회구성원들이 이 규약을 혼란 없이 지키기 위해서는 이름은 반드시 실제에 대한 이해와 고찰을 통해 구성되어야 한다. 이러한 맥락에서 유가로서 순자는 명을 만들고 명을 실제에 합치시키는 사회적 통약의 힘을 성왕이나 예와 같은 유가적 제도에서 찾았던 것이다.

　　나중에 순자의 제자로 법가 사상을 내세웠던 한비韓非는 "명과 실은 서로 의지하여 이루어지니 형체와 그림자가 서로 응하여 세워지는 것과 같다名實相持而成, 形影相應而立"(『한비자韓非子』「공명功名」)고 말하며 양자의 상호 의존성과 통일성을 강조한다. 이때 한비가 강조하고자 하는 것은 이름에 따라 실제를 판단해서 법령을 운영하고 상황에 맞는 상벌을 내리는 식의 정치적 효과였다. 언어적 차원에서 명을 분석하고 실과의 관계를 조정하고자 했던 순자에 비해 한비는 보다 명확하게 정치적 문맥에서 명과 실의 관계를 파악했던 것이다.

실實, 세계를 만들다

6

묵가의 실

전국시대 사상가 묵자墨子라면 '겸애兼愛'를 가장 먼저 떠올릴 사람이 많을 것이다. 겸애란 두루 사랑한다는 뜻으로, 차별 없는 보편적인 사랑을 의미한다. 가족과 혈연을 중심으로 차별적인 사랑을 확대해 나간다는 유가의 정치 철학과 달리 묵자는 차별 없는 보편적인 사랑을 통해 정치적 혼란을 극복하고 사람들을 평화롭게 이끌 수 있다고 주장한다. 하층민의 입장에서 전쟁에 반대하고 절용節用을 주장했던 묵가학파의 철학은 맹자의 강한 비판을 받을 만큼 당대에 상당한 영향을 끼쳤다.

다른 전국시대 사상가들과 마찬가지로 묵가 역시 명과 실의 문제를 중요하게 다루었다. 묵자는 "오늘날 천하 사람들이 모두 의義라고 하는 것은 성왕의 법이다. 지금 제후들은 오히려 정벌과 겸병을 일삼고 있다. 이것은 의를 높인다는 이름만 있을 뿐이며 그 실질은 살피지 못하는 것이다. 비유하자면 눈 먼 이가 비록 다른 사람들처럼 흑백의 이름을 말할 수는 있다 하더라도 그러한 사물을 분별하지 못하는 것과 같다今天下之所同義者, 聖王之

法也. 今天下之諸候將猶多皆免攻伐幷兼, 則是有譽義之名, 而不察其實也. 此譬猶盲者之與人, 同命白黑之名, 而不能分其物也"(「비공非攻 하」)라고 말하며 사회적으로 통용되는 명보다 실제 혹은 실질로서의 실이 더 중요하다고 주장한다.

앞에서 보았듯 이러한 인식은 『맹자』에서도 나타난다. 그러나 묵가의 명실론은 맹자의 명실론과 다른 방향으로 발전한다. 이들이 명과 실의 문제를 정치적이고 윤리적인 맥락에서뿐 아니라 언어적이고 인식론적인 문맥에서 논하고 있기 때문이다. 명과 실에 관한 이론적 심화는 사실 묵자 자신이 아니라 묵자의 사상을 계승한 후기 묵가들에 의해 시도된다.

『묵자』에는 공자와 거의 같은 시대에 활동했다는 인물인 묵적墨翟 즉 묵자의 사상뿐 아니라 묵자의 추종자들에 의해 발전된 이른바 '후기 묵가'의 이론들도 상당수 포함되어 있다. 문헌학적으로 『묵자』를 검토한 현대 연구자들은 현존하는 53편의 『묵자』 중에서 특히 「경經 상·하」 「경설經說 상·하」 「소취小取」 「대취大取」 등 여섯 편을 별도로 후기 묵가의 저술로 분류하고 이 편들을 『묵경墨經』 혹은 『묵변墨辯』이라고 부른다. 『묵경』은 이른바 '변설' 즉 논리적이고 언어적인 문제를 다루거나 혹은 빛이나 거울의 원리 등 자연학적인 주제들을 다루고 있다는 점에서 『묵자』의 다른 편과 크게 구분된다. 학자들이 『묵경』을 후대의 결과물로 보는 이유는 묵자의 사상을 강하게 비판하는 맹자가 『묵경』에 등장하는 언어적, 논리적 문제들에 대해서는 전혀 언급하고 있지 않기 때문이다. 맹자가 언어적인 문제에 관심이 많았다는 점을 고려할 때 『묵경』을 후대의 저술로 보는 관점은 설득력이 있다.

『묵경』에는 '실'에 관한 몇 가지 명제가 등장한다. 먼저 이들은 명과 실이 서로 분리될 수 없음을 분명히 한다. 실제는 이름을 통해 드러나게 되는 데以名擧實 이때 이름은 반드시 실제에서 취해야 한다取實于名. 『묵경』의 저자들이 추구하는 바는 이름과 실제가 서로 부합하는 것이다. 객관적인 세계의 실상과 그를 개념화한 이름이 서로 일치할 때 사회적 혼란을 막을 수 있다. 그러나 후기 묵가들에게 명과 실의 관계에서 중요한 것은 명이 아니라 실이다.

고대의 성왕들이 사람들을 위해 명과 실을 세웠지만 명과 실의 관계에서 명은 반드시 필요한 것은 아니라는 것이다. 후기 묵가들은 사회적 통약으로서의 언어 혹은 개념보다 실제로 존재하는 객관적인 세계가 더 중요하고 우선적이라는 점을 분명히 한다. 이들은 바로 이 점에서 명을 중시해서 객관적인 실질 혹은 실제를 규약으로서의 이름, 제도로서의 명칭에 맞추고자 했던 유가와 다른 방향으로 나아간다.

또한 후기 묵가들은 명과 실이 반드시 합치하지는 않는다는 사실에 주목한다. "여러 성인이 먼저 행한 바는 사람들이 명과 실을 본받게 하는 것이었다. (그러나) 이름과 실제는 반드시 합치하지 않는다. 만약 이 돌이 희다면 (이 돌을 깨뜨려서) 이 돌에서 취하는 것은 모두 같이 희다. 그러나 이 돌이 비록 크다 해도 (돌을 깨뜨리면) 그것이 모두 크지는 않으니 이것은 그렇게 말하도록 하는 것이 있기 때문이다諸聖人所先, 爲人欲名實. 名實不必名. 苟是石也白, 敗是石也, 盡與白同. 是石也唯大, 不與大同. 是有便謂焉也."(「대취大取」) 언어가 실제를 완전히 담을 수 없을뿐더러 개별적이고 특수한 개체들이 개념에 담겨 있는 내용을 모두 반영할 수 없기 때문이다.

결론적으로 이들에게 실은 단순히 언어가 지시하는 구체적인 대상이 아니라 언어가 지향하는 모종의 뜻, 실제에서 추출된 지시적 내용이라고 할 수 있다. 이 글에서 상세히 다루기는 어렵지만 후기 묵가들은 이러한 발상을 바탕으로 개념의 층위와 성격, 여러 종류의 논변 등 동양철학에서는 독특한 논리적이고 인식론적인 관심을 발전시켜 나간다.

실實, 세계를 만들다

7

공손룡과 혜시의 실

전한前漢시대 역사가 사마천司馬遷(기원전 145?~기원전 86?)의 『사기史記』에는 그의 부친인 사마담司馬談이 저술했다는 「논육가요지論六家要旨」가 인용되어 있다. 「논육가요지」는 선진先秦시대에 활동하던 여러 학파에 대한 분류와 그 평가를 담은 일종의 철학사라고 할 수 있다. 이 글에서 사마담은 선진시대에 활동했던 혜시惠施, 공손룡公孫龍 등의 학자를 '명가名家'라고 불렀다. 명가의 학문과 사상을 '명학名學'이라고 한다. 이들은 언어적인 문제나 논리적인 방법론을 통해 상대편과의 논쟁에서 승리하는 기술을 연마했기 때문에 별도로 '변자辯者'라고 불리기도 한다.

장자나 순자처럼 동시대에 활동하던 학자들은 명가들을 말로 따지고 궤변을 만들어 사람을 조종하려는 한다는 의미에서 '변자'라고 부르며 비판했다. 이들은 중국 철학사에서는 매우 독특하게도 주로 언어와 세계의 관계 혹은 이름과 그 실질의 관계에 대해서 물으며 논리적이고 인식론적인 주제를 다루었다. 바로 이 때문에 현대 학자들은 명가들이 중국식의 논리학을 전개했다고 평가하기도 한다.

대표적인 명가로 앞에서 살펴본 후기 묵가와 더불어 공손룡, 혜시를 들 수 있다. 전국시기에 활동한 조나라 출신의 사상가 공손룡의 저술은 『공손룡자公孫龍子』라는 문헌으로 정리되어 있지만 장자의 친구로 알려져 있는 혜시의 사상은 독립된 저술이 아니라 『장자』를 비롯해 여러 문헌에 흩어져 있다. 공손룡이 남긴 가장 유명한 철학적 명제는 흰 말이라는 특수한 말과 보편적 개념으로서의 말은 서로 같을 수 없다는 '백마비마론白馬非馬論'과 흰 돌에서 개념상으로 단단함과 희다는 것을 추상화해서 분리할 수 있다는 「견백론堅白論」이라고 할 수 있다. 이들은 개념과 실제의 관계, 부분과 전체, 개별자와 보편자의 차이 등 언어적이고 논리적인 문제를 집중적으로 다루었다는 점에서 동시대에 활동하던 다른 학파들과 차별성을 가진다.

혜시는 명과 실 가운데 특히 실이 더 중요하다고 생각한다. 그는 모든 현상은 항상 변화하고 있기 때문에 감각으로 포착해서 얻은 지식, 더 나아가 그로부터 형성된 이름을 신뢰할 수 없다고 생각했다. 이에 비해 공손룡은 명의 층위와 범주, 기능과 역학을 분석하는 데 중점을 두었다.

공손룡은 개별적인 특수성과는 다른, 불변하는 보편적 개념이 존재한다는 생각에서 출발한다. 명과 실에 관한 내용은 주로 「명실론名實論」에서 다루어진다. 「명실론」에서 공손룡은 명名, 실實, 물物, 위位, 정正 등의 개념을 정의하고자 한다. 먼저 물은 인간의 인식 대상으로 포착될 수 있는 모든 것을 말한다. 이 물에 이름을 붙여서 사회적으로 의사소통할 수 있게 만든 것이 명이다.

실實, 세계를 만들다

명은 하나의 물 즉 대상을 대표하는데, 명의 대상으로서 물에 담겨 있는 실질적 내용을 실이라고 한다. 이때 실이란 어떤 물이 물이게끔 하는 것으로서, 실을 잃으면 더 이상 그 물일 수 없다. 예를 들어 책상이 불에 타재가 되어 책상으로서의 실을 잃었다면 더 이상 책상일 수 없고 재로 남은 어떤 것에 책상이라는 이름을 사용할 수 없는 것과 마찬가지다. 나아가 물이 실을 갖추고 있다면 자리가 정해져 있는 것으로, 그러한 상태를 위位라고 한다. 물이 올바른 실을 갖추고 제자리를 지키고 있다면 이를 정正이라한다.

물 즉 대상이 실을 갖추고 있을 때 자리位가 정해지고 그 물이 자기의 자리를 안정되게 지키는 상태가 정이라면 결과적으로 공손룡은 물(대상)의 실(대상의 실제 혹은 실질)이 갖추어질 때 합당한 명이 따르는 것이라면 대상의 실질에 따라 이름이 결정되는 것으로 이해했다고 볼 수 있다. 명과 실이 일치해야 한다는 입장은 같지만 이름에 윤리적이고 정치적인 의미를 부여함으로써 실을 명에 맞추고자 한 공자와 달리 공손룡은 하나의 대상이 그 대상일 수 있는 근거를 대상에 온전히 갖추어진 실이라고 보았다는 점에서 실을 중심으로 명의 위상과 역할을 세분화했다고 평가할 수 있을 것이다.

전국시대에 활동했던 사상가이자 정치가 혜시 역시 공손룡과 함께 명가를 대표하는 인물이다. 그의 사상은 주로 『장자』 「천하天下」에서 확인할 수 있다. 고대 철학에 대한 일종의 철학사로 볼 수 있는 이 글에는 혜시의 사상으로 알려진 10개의 명제가 등장한다. 이를 '역물십사歷物十事'라고 부른다. "지극히 커서 밖이 없는 것을 대일大一이라 하고 지극히 작아서 안이 없는 것을 소일小—이라 한다" "두께가 없는 것은 쌓을 수 없으나 그 크기는 천 리다"처럼 일종의 궤변으로 이루어진 짧은 논변이다. 역물십사에 명과 실이라는 개념이 명확하게 등장하는 것은 아니다. 그러나 역물십사에 보이는 논리적 명제들이 기본적으로 언어적 개념과 객관적인 실제의 관계를 다루고 있다는 점에서 명실론의 연장이라고 볼 수 있다.

명실론을 둘러싼 이들의 지적 시도는 유학이 사상의 지형을 주도하게 된 한대 이후에는 동아시아 사상사에서 자취를 감추고 말았다. 유학과 이를 새로운 관점에서 계승한 성리학이 언어의 논리적 측면이나 앎의 인식론적 측면보다 우주의 구조와 그 안에서 인간적 삶을 이끄는 도덕성을 더욱 중시했기 때문이다. 그러나 명과 실에 대한 이들의 인식론적이고 논리적이며 동시에 언어적인 접근은 동아시아 사상사의 한 분기와 특징을 확인할 수 있게 해준다.

8.
성리학의 실

북송대 유학자들의 새로운 유학 운동을 종합하고 체계화함으로써 동아시아 철학사를 바꾼 남송의 성리학자 주희朱熹 (1130~1200)는 『논어』 「이인里仁」 편 5장의 "군자가 인仁을 떠나면 어찌 이름을 이룰 수 있겠는가君子去仁, 惡乎成名"라는 구절에 대해 다음과 같이 주해한다.

군자가 군자일 수 있는 까닭은 인仁 때문이니, 만일 부귀를 탐하고 빈천을 싫어한다면, 이는 스스로 그 인을 떠나서 군자의 실질이 없는 것이다. 어떻게 군자라는 이름을 이룰 수 있겠는가라고 말씀한 것이다言君子所以爲君子, 以其仁也, 若貪富貴而厭貧賤, 則是自離其仁, 而無君子之實矣, 何所成其名乎.(『논어집주論語集注』)

이 맥락에서 '실'은 명이 가리키는 대상의 본질 혹은 실질과 같은 의미로, 『논어』에서의 실의 용례를 넘어서는 것은 아니다. 선진 유학을 계승했던 성리학자들에게도 정명 즉 정치적 규범이자 기준으로서의 이름의 문제, 그리고 그 이름의 실질을 갖추기 위한 개인의 태도와 실천의 문제는 대단히 중요한 주제였다. 그러나 이들에게 실은 단순히 이름에 걸맞은 실질을 확보하라는 정치적 선언에 그치지 않는다. 이들에게 '실'은 이론적으로 긴장을 유발하는 개념이었다.

이들은 '허학虛學'이나 '공학空學'으로 치부하는 불교나 도교와의 차별성을 확보하고 자신들의 학문적 이념의 절실함과 진정성을 표현하기 위해 '실'이라는 개념을 여러 맥락에서 활용하고 있다. 예를 들어 성리학자들은 자신의 학문을 '실학實學'이라고 불렀다. 이때 실학은 조선 후기의 새로운 학풍을 가리키는 말이 아니라 성리학의 입장에서 공리공담에 치우친 사변적 철학으로 보였던 불교나 도교 등 경쟁하는 학문과의 차별성을 부각시키기 위해 사용하던 일종의 자기 지칭이었다. 성리학자들에게는 자신들의 학문을 지칭하는 이름인 '도학道學'이 동시에 진정한 실질적 학문으로서의 실학이었다.

성리학자들은 이 세계에 감각으로 포착할 수는 없지만 이 세계를 구성하고 진행하게 하는 근원적인 이치가 실재한다고 믿었다. '이'또는 '태극太極'이라고 불리는 형이상학적 원리가 자연 세계, 인간 사회에서 펼쳐질 때 이를 '실리實理'라고 부르고 그러한 실리를 이해하는 진정한 마음을 '실심實心'이라고 부른다.

성리학자들에 따르면 '이理'는 우주 전체의 근원적 원리로서 실재할 뿐 아니라 특히 사람에게 본성性으로 내재되어 있다. 본성으로서의 '이'는 근

실實, 세계를 만들다

원적 원리를 이해하고 또 그 안에 담긴 가치를 실현하는 능력으로서 마음心 안에 담겨 있다. 그래서 성리학에서는 사람의 마음에 내재되어 있는 이를 실리實理라고 부르고 이를 담고 있는 마음을 실심實心이라고 부른다. 이때 실리란 다른 것이 아니라 곧 사람의 마음에 담겨 있는 인의예지라는 근원적 가치를 의미한다. 이理가 세계를 구성하는 보편 원리이자 동시에 도덕적인 가치이기도 하기 때문이다. 그런 의미에서 진실한 마음으로서의 실심은 자신 안에 본성적으로 내면화된 가치를 삶에서 절실한 마음으로 실천해야 한다는 재귀적 명령을 담은 말이라고 볼 수 있다.

이들은 '실'이라는 표현을 여러 각도와 문맥에서 사용하면서 세계의 근원적인 이치가 실재한다는 사실과 그 이치에 담긴 가치를 구체적인 일상 생활에서 실천하는 것이 진정한 학문이라는 자신들의 학문적 신념을 전달하고자 했다. 이런 맥락에서 보면 성리학자들에게 실은 사변적인 내용을 담은 개념이라기보다는 학문과 세계에 대한 태도를 담은 개념으로 사용되고 있음을 알 수 있다. 대표적인 것이 실질적인 일에 힘쓰고 실천적인 일에 힘을 쏟는다는 '무실역행務實力行' 또는 '무실務實' '독실篤實'이다. 이들은 실이라는 표현을 사용해 실천의 절실함과 노력의 정도를 표현하고자 했던 것이다. 이때의 실은 구체적인 대상이나 내용성을 가진 말이라기보다는 실천에 요구되는 모종의 태도를 가리키는 말이라고 할 수 있다.

한편 성리학에서 실은 객관적으로 존재하는 현실 세계이자 현실 세계를 구성하는 참된 원리 즉 세계가 올바른 방식으로 실재한다는 이념이기도 하다. 이들이 불교나 도교를 헛되고 비어 있다는 의미에서 '허虛'라고 규정하며 그 반대편에 있는 '실'을 자신들의 학문적 원리로 내세운 것은 근본

적으로 세계를 구성하는 원리이자 이 세계의 모든 것에 가치와 의미를 부
여하는 근원적 원리 즉 '이理'가 실재한다는 이념 때문이다.

결과적으로 성리학의 실에는 현실 세계를 존재하게 하는 원리의 측면
과 그 원리가 실제 세계에서 구현된다는 실현과 실천의 의미가 모두 담겨
있다. 이 두 가지 실의 이념이 성리학의 학문적 영역과 성리학자들의 삶과
학문에 대한 태도를 결정했다고 할 수 있다. 이들이 실을 진실성이나 진정
성의 의미로 사용하는 경우도 있는데 이는 실심 안에 담긴 실리를 어떻게
실현하는가 하는 수양론의 맥락에서 대단히 중요한 문제였다. 이들에게
"성실함이란 진실하여 망령됨이 없는 것誠者, 眞實無妄之謂"을 의미했고 이러
한 맥락에서 "자신에게 돌이켜 성실함으로써 진실하여 망령됨이 없는 상
태에 이르는 것反諸身不誠, 謂反求諸身而所存所發, 未能眞實而無妄也"이 이들의 중요
한 삶과 학문의 목표였다.

더 나아가 실은 성誠과 동일한 의미로 사용되기도 한다. "성이란 지극
히 진실하여 망령됨이 없는 것을 이른다誠者, 至實而無妄之謂"(『통서通書』)는
북송 유학자 주돈이周敦頤(1017~1073)의 말이나 "성誠이 곧 실리다誠者, 實
理也"(『이정수어二程粹語』)라고 하는 정호程顥(1032~1085)의 말에서 볼 수
있듯 성을 실과 연결하여 이해하는 것은 성리학의 보편적인 전제였다. 북
송 성리학자들의 철학을 계승한 주희朱熹(1130~1200) 역시 "성이란 이理
가 내 안에 있는 것으로 모두 진실하여 거짓이 없으니 천도의 본연이다.
성실함을 생각한다는 것은 내 안에 있는 이치가 모두 진실하여 거짓이
없기를 바란다는 것이니 곧 인도의 당연함이다誠者, 理之在我者, 皆實而無僞,
天道之本然也. 思誠者, 欲此理之在我者皆實而無僞, 人道之當然也(『맹자집주孟子集註』)"라

고 말한다.

이들에게 성誠은 곧 성실함이자 진실함을 의미한다. 이들은 이가 실재하기 때문에 그 결과로 사물物이 존재하고, 사물이 존재하기 때문에 그 쓰임用이 실현되며, 그 쓰임이 실현되기 때문에 마음心이 작동하고 마음이 작동하기 때문에 실질적인 일들事이 일어난다고 믿었다. 이들은 실의 의미를 형용사적 용법에 한정하지 않고 사물과 그 쓰임, 마음과 마음이 실현하는 구체적 일로 확장했던 것이다. 실에 관한 이들의 이론적 확장 즉 실리-실용-실심-무실/독실의 구도와 흐름은 학파에 관계없이 대부분의 유학자가 공유하는 근본적인 이념으로 자리 잡았다.

이러한 맥락에서 성리학자들은 실천實踐, 실용實用, 실사구시實事求是처럼 근원적인 가치를 현실화하는 과정에 필요한 일상에서의 실천성과 실용성을 강조할 때도 '실'의 의미를 끌어들인다. 이 세계를 고통으로 보고 현실의 세계를 떠나 마음의 안정과 집중, 깨달음을 추구하는 불교나 신체의 물리적 흐름을 안정시키려는 도교와 달리, 유학자로서 이들은 인, 의, 예, 지, 효, 공恭 등의 다양한 도덕적 가치를 현실에서 직접 실천하는 과정을 중시했고 그 중요성을 강조하기 위해 실천, 실사구시와 같은 표현을 즐겨 사용했던 것이다.

그러나 이들이 말하는 실천은 단순히 개인의 수양 과정에서의 도덕적 가치의 실천만을 의미하지는 않는다. '수기치인修己治人'이라는 구호에서 알 수 있듯 유학자들은 도덕적 인간이 되는 수양의 길은 반드시 다른 사람을 이롭게 하고 바르게 하는 정치적 실천으로 연결되어야 한다고 믿었다. 그런 의미에서 실용, 실사구시는 군자의 정치적 실천에 요구되는 기본적 태도이기도 하다. 성리학자들은 실심으로 실리를 실천하는 과정이 언제나 백성의 살림에 보탬이 되는 실용적인 결과로 나타나기를 기대했던 것이다.

9.
왕양명의 실

　　명나라 중엽에 주로 활동하던 유학자 왕양명王陽明 (1472~1529)의 학술적 도전에서 비롯된 양명학은 성리학의 사변성과 추상성을 극복하려는 유학의 새로운 경향이라고 볼 수 있다. 물론 양명학은 주자학에 대한 비판적 반성에서 시작된 학문이라는 점에서 마음이 곧 이치라는 '심즉리心卽理', 누구나 가지고 있는 선한 마음의 본체인 양지의 실현을 의미하는 '치양지致良知' 등 성리학과 변별되는 이론들이 포함되어 있다. 그럼에도 공자와 맹자로 대표되는 선진 유학과 『시경詩經』『서경書經』『역경易經』『예기禮記』 등 유학의 기본 경전들의 이론적 전제에서 출발한다는 점에서 궁극적으로 성리학과 이론적 토대를 공유한다. 특히 기본적인 용어들의 경우 의미상의 차이를 찾기 어렵다.

　　젊은 시절부터 왕양명은 당대 주류 학풍에 대해 비판적인 시선을 지니고 있었다. "천하의 대란은 공허한 문장이 기승을 부리면서 실천적인 행위가 쇠했기 때문天下之大亂 由虛文勝而實行衰也"(『어록語錄』)이라고 생각했다. 실질과 실천은 왕양명의 중요한 강조점 중 하나였다. 왕양명과 제자들의 대화록인『전습록傳習錄』에도 실학實學, 실리實理, 독실篤實, 무실務實, 실천實踐 등 유학을 거쳐 성리학에서 사용하던 개념이 거의 그대로 등장한다. 이들 또한 전대의 유학자들과 마찬가지로 유학의 근원적 가치를 일상생활에서 인의예지와 같은 구체적 덕목으로 실천하는 과정을 중시했고 그 중요성을 강조하기 위해 다양한 맥락에서 '진실한' '진정한' 등의 의미로 '실'이라는 표현을 활용했던 것이다.

기본적으로 왕양명은 성誠이 곧 실리實理라는 성리학자들의 명제를 그대로 승인한다. "천지가 감응해서 만물이 생겨나는 것이 실리의 유행이다 天地感而萬物生, 實理流行也."(「오경억설십삼조五經臆說十三條」) 그러나 성리학의 관점과는 달리 이때의 실리는 '천리의 조화'를 가리키는 말이 아니라 사람의 마음에 내재한 선천적인 능력으로서의 양지良知를 가리키는 말이다. 왕양명은 "성은 실리이며 다만 하나의 양지誠是實理, 只是一個良知"(『전습록』)라고 말한다.

양명학의 핵심적 개념 중 하나인 양지는 인간의 마음에 내재된 천성적인 도덕적 능력, 다시 말해 무엇이 옳고 그른지를 직관적으로 이해함으로써 어떤 매개나 중재도 없이 곧바로 도덕적 실천을 할 수 있는 도덕적 판단과 실천 능력을 말한다. 성리학의 학문적 지향과 개념들을 대부분 수용하지만 왕양명은 사람의 양지가 곧 실리라고 정의함으로써 성으로서의 실을 사람의 마음에 연결한다.

이러한 맥락에서 양명학적 '실'은 마음에 관한 개념들에서 두드러지게 나타난다. '실학'이나 '실리'라는 표현은 보이지만 『전습록』에는 '실심'이라

실實, 세계를 만들다

는 표현이 등장하지 않는다. 그러나 이들이 실을 마음의 문제로 여겼던 것은 분명하다. '무실지심務實之心'이라거나 '성심실의誠心實意' 같은 표현들이 자주 등장하기 때문이다. 양명학자들은 마음의 현실적 작용을 표현하는 문맥에서 '실'의 의미를 덧붙여 그 의미를 강조하고 강화하고자 한다.

양명학의 핵심적 이론 중 하나는 사람의 마음 밖에 별도로 형이상학적 원리이자 도덕적 원리가 존재하는 것이 아니라 사람의 마음이 곧 도덕 원리라는 '심즉리心卽理'의 이론이다. 왕양명은 본래 사람의 마음이 본성의 자각과 회복이라는 매개적 과정 없이도 곧바로 일상적 상황에서 도덕성을 실현할 수 있는 능력을 가지고 있다고 믿었다. 성리학의 핵심 논제 즉 사람의 본성이 곧 형이상학적 원리이며 도덕적 원리라는 성즉리性卽理의 이론은 왕양명이 보기에 이와 기, 본성과 마음을 이원화하는 결과를 가져오는 것이었다. 마음과 본성은 둘이 아니라 하나라는 것이다.

왕양명은 마음과 그 마음의 일상적 작용이 곧 도덕적 원리의 실천이라고 생각했다. 이러한 맥락에서 양명학에서 강조되는 '실'은 마음의 구체성, 현실성, 실천성을 강조하기 위한 표현이라고 할 수 있다. 왕양명을 비롯해 양명학자들은 여러 문맥에서 "자신을 돌이켜 반성하여 실천한다反身實踐"거나 "실질에 입각해 노력한다著實用功"는 표현을 자주 사용한다. 이들에게 실은 초월적인 원리의 실재성에 대한 표현이 아니라 일상에서의 도덕적 실천, 그 실천에서의 절실함 등을 표현하는 의미로 사용되었다고 볼 수 있다. 이들에게는 성리학이 아니라 자신들의 학문인 양명학이 진정한 '실심'을 바탕으로 한 '실학'이었던 것이다.

이후 왕양명을 계승했거나 영향을 받은 학자들은 추상적인 원리로서

의 '이'를 사변적으로 규명하려는 태도를 텅 비어 있는 학문 즉 '허학虛學'
이라는 말로 비판하며 이미 도덕적 기준과 실천의 능력을 담고 있는 마음
의 현실적 실천을 강조하는 자신들의 학문이야말로 진정한 의미의 유학
즉 실학이라고 주장하게 된다. 실리란 형이상학적 원리가 아니라 현실적인
세계에서의 실천이라는 것이다.

　　명대부터 청대에 이르는 사이 유학은 여러 분기를 만나 변화한다. 명대 중엽부터 양명학이 학술적 풍토를 이끌면서 사변적인 성리학과는 다른 각도에서 이른바 '심학心學'을 추구했고 명이 점차 쇠락하고 청이 들어서자 학자들 가운데는 마음을 이론적 중심에 두는 양명학과 거리를 두고 실용적이고 실질적인 학풍으로 전환하는 이들이 생겨났다.

　　명말의 양명학자 이지李贄(1527~1602)는 "보통 사람의 병통은 이익을 좋아하는 데 있고 현자의 병통은 명예를 좋아하는 데 있다. 진실로 명예로 그를 유인하지 않으면 그 말이 먹혀들지 않을 것이다. 만약 그들을 점차 인도하여 실질적인 데로 돌아가게 할 수 있다면 실질로 돌아간 뒤에는 명예란 존재하지 않게 될 것이다衆人之病病在好利, 賢者之病病在好名. 苟不以名誘之, 則其言不入, 夫有漸次導之, 使令歸實 歸實之後, 名亦無有"(『분서焚書』)라고 말하며 학문의 본령이 명예가 아니라 실질에 있음을 강조한다.

　　또한 명대 중기의 오정한吳廷翰(1491~1559)은 "사물에서 이理를 이해하는 것이 바로 실이다物上見得理方是實"(『오정한집吳廷翰集』)라고 말하면서 형이상학적 이해가 아니라 실제 사물과 사건에서 보고 듣는 견문의 지식을 더욱 긍정한다. 음악 이론에 정통했던 명대 학자 주재육朱載堉(1536~1611)은 "오직 실리를 구할 뿐 문장의 수식을 추구하지 않는다惟求實理, 不事文飾"며 실질적인 이치의 추구를 강조하기도 한다.

황종희와 함께 명말 청초의 대유로 불렸던 이옹李顒(1627~1705)처럼 "나는 실천을 중시하지 견문을 중시하지 않는다我這裏重實不重見聞"(『이곡집二曲集』)며 지식보다 실천을 강조하는 경우도 있다. 당시 많은 학자가 '경세치용經世致用' 즉 실용적이고 실천적인 방식으로 사회 제도 등 현실적인 문제를 해결함으로써 국가와 사회를 올바르게 이끌어나가야 한다는 이념을 학술의 방향으로 내세웠던 것이다.

예를 들어 경세치용을 학문적 목표로 삼았던 명말청초의 유학자 고염무顧炎武(1613~1682) 역시 "선비라면 마땅히 실학 즉 천문, 지리, 병법과 농법, 관개와 토지, 제도와 문물의 까닭을 추구해야 하니 이를 깊이 연구하지 않을 수 없다士當求實學, 凡天文·地理·兵農·水土, 及一代典章之故, 不可不熟究"(『정림여집亭林餘集』)고 말하며 실용적인 학문을 강조한다. 특히 청대는 음운학, 금석학, 지리학輿地學 등 실증적인 학문을 통해 학문을 실용화하려는 학풍이 강했기 때문에 많은 학자가 사변적인 공리공담이 아니라 구체적인 사실과 기록을 중시하는 고증학의 입장에서 학문을 축적해 나아가고 있었다.

경세치용과 함께 '실사구시' 역시 이 시대 학술을 특징짓는 개념이다. 추사 김정희와 교류한 것으로 알려진 청대 유학자 완원阮元(1764~1849)은

실實, 세계를 만들다

"내가 경학을 논하는 것은 옛 훈고를 미루어 밝히는 것으로 사실에 근거하여 진리를 밝히는 것일 뿐이니 감히 별도의 이론을 세우려는 것이 아니다余之說經, 推明古訓, 實事求是而已, 非敢立異也"(『연경실집硏經室集』)라며 자신의 학문적 방법론을 '실사구시의 학'이라고 규정한 바 있다.

청말에 스승인 캉유웨이康有爲(1858~1927)와 함께 근대적 개혁 운동인 변법자강 운동을 주도했던 학자 량치차오梁啓超(1873~1929)는 이러한 청대의 학풍을 다음과 같이 정리하기도 한다. "청대 학자들은 실사구시를 학문의 핵심으로 삼았으며 과학적 정신이 풍부하고 또한 분업적 조직으로 보완했다有淸學者, 以實事求是爲學鵠, 饒有科學的精神, 而更輔以分業的組織."(『청대학술개론淸代學術槪論』)

이처럼 명말부터 청대에 이르기까지 일군의 학자들은 더 이상 추상적이고 사변적인 이론에 매몰되지 않고 실제의 일에서 실질적인 증거들을 확보해 실질적인 실천과 개혁을 이끌어나가야 한다고 주장했다. 그런 의미에서 경세치용과 실사구시는 현실의 삶과 유리되어 있는 사변적인 학술에 대한 비판이자 급격히 변화하고 있는 시대적 변화를 감당하려는 학자들의 혁신의 노력을 담은 구호라고 볼 수 있다.

11.
당견의 실

이 장에서 다룰 당견唐甄(1630~1704)이라는 학자는
어쩌면 이 책에 등장하는 동아시아 사상가 가운데 가장 낯선 인물일지도
모른다. 멸망하기 직전의 명나라에서 태어나 청의 제4대 황제 강희제康熙
帝(재위 1661~1722)의 통치 시기까지 살았던 당견은 중국 철학사에서 이념
에 치우친 공리를 비판하고 현실에서의 구체적 실천을 강조한 명말청초의
양명학자로 알려져 있다.

당견은 명말 청초를 대표하는 세 유학자 즉 황종희黃宗羲(1610~1695), 고
염무顧炎武(1613~1682), 왕부지王夫之(1619~1692)에 비해 후대의 인물로 왕
조 교체기의 혼란 속에서 불우한 삶을 살았다. 당시 한족 지식인들은 청조
의 치하에서 벼슬을 하고자 하지 않았지만 당견은 생활 형편이 어려워 관
직에 나갔고 나중에 생계가 어려워 장사를 하기도 했다. 그러나 그는 평생
왕도정치 즉 유가적 이상 정치에 대한 포부와 희망을 버리지 않았다. 그는
송명대 유학이 내면적인 자기 수양에 지나치게 치우쳤음을 비판하며 사공

실實, 세계를 만들다

事功 즉 정치 사회적 실천을 강조했다. 전시대의 유학자들이 사회적 실효, 정치적 공효가 없는 개인적인 수양과 수사적인 문장에 치중하느라 사회를 혼란에 빠뜨렸다는 것이다. 이런 맥락에서 그는 '실實'의 실현을 매우 중시했다. 그러나 '실'에 대한 강조는 당견의 독창적인 학풍이라기보다는 시대정신이었다고 할 수 있다.

당견이 활동했던 시기는 이민족인 청의 지배로 인한 사회적, 사상적 혼란이 여전히 남아 있던 때였다. 이민족인 만주족의 지배를 겪게 된 한족 지식인들은 성리학이나 양명학처럼 관념에 치우쳤던 전시대의 사상적 풍토를 반성하고 변화된 시대를 이끌어갈 새로운 학풍을 제안하고자 시도했다. 현대의 연구자들은 이때의 학풍을 '경세치용經世致用' 즉 현실적 문제에 대한 관심을 바탕으로 한 실용적인 학술을 추구하려는 경향으로 이해한다. 실리實理·실사實事·실의實義·실용實用 같은 실의 확장적 표현들이 이들의 사상적 구호 역할을 했다. 많은 학자가 실제 생활에 보탬이 되는 학문을 일으키고자 했다. 당견 역시 이러한 경향에 속한 학자 중 한 사람이었다.

양명학적 입장에서 출발한 당견은 정자와 주자 즉 정주학의 사변성을 비판하며 양명학을 통해 이를 보완함으로써 유학을 혁신하고자 했다. 이 혁신의 노력 가운데 하나가 '실'에 대한 강조다. 먼저 당견은 '명名'을 추구하는 당대의 학풍을 강력히 비판한다. 그의 입장에서 "명이란 헛되고 실이 없는 것이다蓋名者, 虛而無實."(「거명去名」) 당견은 명을 추구하는 이들을 '호명자好名者'라고 부르며 아무런 실천 없이 단지 명분이나 명예 등을 추구하는 상층부나 지식인들을 비판한다. 호명자들 가운데 대표적인 학자가 성리학과 같은 도학을 추구하는 이들, 조정에서 기개와 절조를 숭상한다고 내세우면서도 실제로는 붕당을 만들기 좋아하는 이들, 수사적인 문장 짓기에 몰두하는 이들이다.

이런 배경에서 당견은 거짓으로 꾸며진 온갖 수식들 즉 문文을 비판하고 실질적인 것으로서의 질質을 높인다. 당시의 문장은 비록 훌륭하더라도 실의實義가 없다는 것이다. 당견이 보기에 송명대 유학자들의 가장 큰 폐단은 실제에 입각해서 실리를 추구하지 않는다는 것이다. 당견은 이러한 도학적 학풍을 실리와 대척점에 있는 '공리空理'라고 비판한다.

이러한 맥락에서 그는 공리와 반대편에서 백성에게 실질적인 도움이 되는 학문의 필요성을 강력히 주장한다. "수레는 물건을 실을 수 있기 때문에 필요하고 배는 강을 건네줄 수 있기 때문에 필요하듯 현자는 백성을 구제할 수 있기 때문에 필요하다. 만약 물건을 실을 수 없으면 수레가 없는 것만 못하고 강을 건네줄 수 없다면 배가 없는 것만 못하며 백성을 구제할 수 없다면 현자는 없는 것만 못하다車取其載物, 舟取其涉川, 賢取其救民. 不可載者, 不如無車, 不可涉者, 不如無舟, 不能救民者, 不如無賢."(「유위有爲」) 성인과 현자가 세상에 필요한 것은 오직 그들이 실질적인 사업을 일으켜 백성을 구제할 수 있기 때문이다.

비록 당대에는 기회를 얻지 못했지만 당견은 명말청초의 혼란 속에서 실리의 입장에서 명분을 비판하고, 경험과 실천을 강조하는 방법으로 유학을 혁신하고자 했던 사상가였다. 명예와 명분을 추구하고 실제의 사업보다 이론 추구에 몰두하는 지배층을 비판했던 당견은 평등과 민본을 강조하며 실의를 바탕에 둔 실사를 통해 경세치용이라는 유학의 근본적 이념을 현실화할 방법을 찾아나갔던 것이다.

옛날 하간河間의 헌왕獻王은 '실질적인 일實事'에서 옳음을 구했다. 무릇 실질적인 일이 앞에 있으면 내가 옳다고 하는 것을 사람들이 억지로 말하여 그르다고 할 수 없고, 내가 그르다고 하는 것을 사람들이 억지로 말하여 그르다고 할 수 없다. 육경과 수학九章算術, 전장과 제도의 학문이 바로 그것이다. 헛된 이치가 앞에 있으면 내가 옳다고 하는 것에 대해 사람들이 이미 별도로 하나의 이론을 가지고 그르다고 하고 내가 그르다고 하는 것에 대해 사람들이 또한 별도로 하나의 이론을 가지고 옳다고 하니 이의理義의 학문이 바로 그것이다昔河間獻王實事求是, 夫實事在前, 吾所謂是者, 人不能强辭而非之. 吾所謂非者, 人不能强辭而是之也. 如六經九數及典章制度之學是也. 虛理在前, 吾所謂是者, 人旣可別持一說而爲非, 吾所謂非者, 人亦可別持一說而爲是也. 如理義之學是也.(『교례당문집校禮堂文集』 「대동원선생사략상戴東原先生事略狀」)

능정감凌廷堪(1755~1809)이라는 청대 학자가 한 선배 학자의 학술 정신에 대해 설명하는 글이다. 동아시아 삼국의 지적 전환을 사변적인 성리학에서 실용적 학풍으로의 전환이라고 평가할 수 있다면 반드시 그 중심에 들어가야 할 유학자가 있다. 바로 이 글의 주인공인 대진戴震(1724~1777)이다. 기 철학의 완성자로 평가되는 대진은 청대 중엽 천문학, 수학, 지리학, 음운학 등 다양한 방면에서 고증학적 학풍이 발전해나가던 지적 분화의 시대에 다양한 사상적 자원을 흡수하여 학문적 성과를 축적한 학자였다.

이런 변화가 가능했던 배경 중 하나는 실용적인 분과학문을 중시했던 청 초기의 학문적 풍토라고 할 수 있다. 한족과 만주족을 통합해 새로운 제국의 질서를 세우고자 했던 청의 황제들은 명말에 중국에 들어온 서양 선교사들이 전한 수학, 천문학 등 실용적인 분과적 지식을 실용적 관점에서 수용하고자 했고 이런 풍토 속에서 성리학의 이기론과 같은 사변적인 논쟁에 대한 관심은 약화되었다.

예를 들어 청의 4대 황제 강희제康熙帝(재위 1661~1722)의 어명으로 편찬한 『성리정의性理精義』(1715)는 당시 학자들로 하여금 "실학에 마음을 쓰게 하기 위해 귀신, 논쟁을 야기하는 도통론, 역대 인물에 대한 평가 등은 수록하지 않는다但令學者用心實學, 故鬼神, 道統, 歷代人物之目, 亦且闕如"라고 밝힌다. 이들에게 '실학'은 성리학 자체도 아닐 뿐더러 성리학의 이기론이나 태극에 관한 논의조차 불교와 달리 실질적인 학문을 한다고 주장하던 성리학이 아니었다. 이들은 현실을 벗어난 고원한 어떤 담론도 실학으로 간주하지 않았다. 이들에게는 수학, 천문학, 역산학과 같은 실용적인 지식이 실학이었다.

이런 풍토에서 성장한 대진은 문자, 음운, 지리 등 온갖 실증적인 증거를 통해 옛 경서들을 고증하는 고증학을 무기삼아 성리학을 비판했다는 점에서 중요한 사상적 분기를 이루는 인물이다. 능정감의 설명에서도 알 수 있듯 대진은 실사구시 즉 실증적인 것을 근거로 진리를 추구한 학자였다. 이 실증적 학문 추구는 고대 경전인 육경, 수학서, 각종 제도에 관한 학문 등 실증적인 증거를 취할 수 있는 학문을 통해서 실현될 수 있는 것이다. 이에 반해 이의理義의 학문 즉 성리학은 헛된 이치를 앞에 두고 학문을 하기 때문에 실질적인 증거가 없음에도 각자 자기 이론을 내세우느라 개별 이론들 사이에서 진정한 옳고 그름을 판별할 수 없다는 것이다.

대진의 학술을 포함해 청대 고증학은 실사구시를 학문의 이념과 방법으로 삼아 다양한 실증적 자원으로부터 실질을 증명해나가고자 하는 새로운 학풍이었다. 특히 대진은 유학의 이론적 토대인 육경에 진정한 가르침이 담겨 있지만 후대에 붙여진 주석을 지나치게 신봉하면 원의에 다가갈 수 없다고 생각했다. 대신 그는 고증학적 방법 특히 어원학적 접근을 통해 경서를 새롭게 해석하고자 시도했다. 그의 주저 『맹자자의소증孟子字義疏證』 역시 『맹자』를 글자 하나하나 본래 뜻에 의거해 고증해서 문자의 뜻을 왜곡하지 않고 온전히 따져서 글의 실제 의미에 이르고 그로부터 진정한 진리에 도달하고자 한다는 그의 방법과 의지가 드러난 책이다.

대진의 사상적 특징은 '기氣 철학'이라는 개념으로 설명할 수 있다. 그는 기 철학을 완성한 인물로 평가받는다. 대진에게 기가 우주의 모든 존재와 활동의 유일한 근거이며, '이理'는 기가 보여주는 패턴이나 질서에 불과했다. '이'를 존재의 근원이자 가치의 총체라고 생각하고 기를 그 하위에 통제되어야 할 물질적 영역으로 두려했던 성리학자들과는 다른 주장이다.

대진은 '이'가 피부나 옥의 결이라는 의미로 사용된 고대의 용례를 근거로 이의 본래 뜻이 사물의 결 또는 그 결의 질서라고 주장함으로써 초월적이며 형이상학적 원리로서의 이를 거부한다. 대진에게 이는 만물의 구조와 방향을 결정하는 형이상학적 원리가 아니라 사물의 객관적인 흐름과 리듬, 자연적인 질서를 표현하는 개념이다. 이가 기의 자기 운동 과정에서 나타나는 법칙이나 조리일 뿐이라면 이는 존재하는 자연의 규칙과 질서를 묘사하는 법칙일 뿐 자연을 존재하게 하는 근원적이며 보편적인 원리는 될 수 없다. 이런 맥락에서 그는 어떤 유학자보다도 '실'이라는 표현을 적극적으로 사용한다.

대진은 실체實體, 실사實事, 실유實有 등의 표현을 사용해서 기를 중심으로 한 자신의 이론을 심화한다. 이 표현들은 성리학에서도 사용되던 것이었지만 대진의 철학에서는 다른 의미를 갖는다. 진정한 본원 혹은 본체라는 의미의 실체는 본래 이를 형용하던 개념이었지만 대진은 이가 실체가 아니라 세계에 존재하는 기의 구현 즉 '물物'이 실체이자 실사라고 말한다. 특히 대진은 '성性'이 곧 실체라고 말한다. 성리학에서 성은 인간의 자연적 본성이 아니라 이가 인간에게 품부된 결과이기 때문에 성리학에서도 성을 실체라고 말할 수 있지만 대진이 의미하는 바는 다르다. 대진이 말하는 성은 성리학의 성과 다르기 때문이다.

대진은 성이 이가 인간에 체현된 상태가 아니라 기로부터 비롯된 인간의 자연성을 의미한다고 생각한다. 대진은 성을 음양오행의 자연적 기초에서 파악하고자 한다. 성이란 형이상학적 근원으로서의 이가 아니라 신체

실實, 세계를 만들다

를 비롯해 신체의 기능과 그 실현 즉 지각과 감수성, 판단과 사려까지 포함하는 인간 이해의 틀이다. 대진은 이 성이 곧 실체라고 봄으로써 생명을 가지고 신체를 바탕으로 지각과 의지적 활동을 하는 인간의 신체적, 인지적, 심리적 활동 전체가 진정한 인간의 본질이라고 규정한 것이다.

이런 관점에서 본다면 인간의 자연적 본성에서 나온 정情이나 욕欲을 이의 이름으로 부정하지 않을 수 있다. 대진은 이理를 성리학과 다른 방식으로 파악함으로써 이理와 정情의 관계를 다시 세운다. 일반적으로 주자학에서 이와 정은 일종의 긴장 관계로 파악된다. 기의 산물인 정이 치우치거나 과해지지 않도록 이가 통제하는 구조이기 때문이다. 그러나 대진에게 천리天理란 다른 것이 아니라 '정이 어그러지지 않은 상태'를 의미한다. 다시 말해 일상생활에서 드러나는 우리의 모든 행위, 정서, 지각과 같은 반응들이 어그러지지 않으면 그 자체로 이미 이에 합치한다는 것이다. 정情을 곧 기氣로 보고 이로써 기를 통제해야 한다고 주장하는 성리학과 다른 발상이다.

정이 어그러지지 않은 상태가 곧 이라면 정도를 벗어나거나 타인에게 피해를 주지 않는 한 개인의 욕망도 그 존재 자체만으로 부정될 이유가 없다. 대진은 우리의 욕망이 사회적인 적절성과 균형을 유지하는 한 그대로 선善이 될 수 있다고 말한다. 인간을 새롭게 해석하고 정과 욕을 새로운 관점에서 바라보려는 이러한 시도는 대진뿐 아니라 비슷한 시기 동아시아 유학자들의 공통된 지향이라고 볼 수 있다. 이들은 인의예지와 같은 유가적 가치, 도덕성을 바탕으로 한 정치 등 유학의 근본이념을 버리지 않은 상태에서 개인의 개성과 욕망을 철학적으로 규명하는 방식으로 사회 변화를 감당하고자 했던 것이다.

전하께서 처음 즉위하실 때만 해도 책을 끼고 스승을 따르는 선비들이 공자, 맹자, 정자, 주자의 학문이 있다는 것을 알았기 때문에 스승이 된 자들도 이를 통해 제자들에게 가르침을 베풀었습니다. 이에 큰 유학자가 나타나지는 않았다 하더라도 올바른 방향을 알고 유학자로서의 실천을 행하는 이들이 드물지 않게 있었습니다. 그런데 지금은 유학을 공부한다는 무리들이 유년 시절부터 문장詞章이나 암송하고 성년이 되고서도 실학實學에 어둡기 때문에 경망하고 부박한 것이 점차 성품이 되어가는 실정입니다殿下初元也, 士之挾册而從師者, 知有孔·孟·程·朱之學, 而爲師者, 以是爲之敎. 雖未見六儒之蔚興, 而士之知向方服儒行者, 比比有之. 今也, 章甫之徒, 其在髫齓, 便誦詞章, 已過丱弁, 尙昧實學, 輕躁浮妄, 習與性成.(『선조실록』1605년 6월 17일 경신)

『선조실록』의 한 기사다. 이 대목은 조선 왕실에서 '실학'이 어떤 의미로 사용되었는지를 짐작하게 해준다. 앞에서도 보았듯 조선 후기의 특별한 학문적 풍토를 가리키는 말로 사용되기 전에 '실학'은 유학의 학문적 경향과 태도를 가리키는 일반적인 개념이었다. 그러나 불교나 도교가 아니라고 해서 모든 학문이 곧 실학이라고 할 수는 없다.

특히 조선에서 '실학'은 특별한 의미를 담고 있는 표현이었다. 예를 들어 왕조실록에는 "근년 이래로 과거에 응시하는 선비가 오로지 문사文詞만을 숭상하고 실학에 힘쓰지 않는다"거나 "시나 문장만을 답습하는 폐단을 억제하고, 되도록 경서經書를 연구하는 실학의 선비를 얻고자 한다"는 등 사장과 실학을 대비시키는 문장을 쉽게 찾을 수 있다.

여기서 실학이란 시나 산문을 짓는 문학적 글쓰기와는 다른 경학經學을 의미한다. 경학이란 단순히 고대로부터 전승된 고전이 아니라 우주와 인간의 원리와 가치로부터 국가와 사회를 운영하고 통치하기 위한 제도와 규범들을 논하는 유학의 토대 경전을 의미한다. 국가 운영을 책임져야 했던 왕과 신하들은 사장 즉 수사적인 문학적 글쓰기와 대비되는 근본적인 경학의 탐구를 '실학'이라고 불렀던 것이다.

그러나 경학을 한다고 해서 그것이 곧 실학을 하는 것을 의미하지는 않는다. "근래에 과거科擧가 빈번한 까닭으로 유생이 실학에 힘쓰지 않는다"는 문장에서 알 수 있듯, 조정에서는 경서를 텍스트로 하는 과거 공부조차도 일종의 실용적 기술로 치부한다. 오로지 과거 급제를 위해 경서를 읽는다면 그 또한 진정한 학문을 한다고 볼 수 없기 때문이다. 이런 맥락에서 왕조실록에서 조정 대신들이 기대했던 '실학'은 과거 공부를 위한 학문이나 실용적 기술과 대비되는 근본적인 경학 연구라고 볼 수 있다.

결과적으로 이기론, 심성론 등 정통적인 성리학의 철학적 주제들에 대한 탐구를 지칭한다. 이들에게 진정한 학문으로서의 실학이란 탐미적 욕구를 표현하는 문학적 행위도 아니고 과거에 급제하기 위해 경서를 암기하는 목표지향적인 학습도 아니었다. 이들에게 실학이란 성리학의 근본적인 이념에 대한 진정한 탐구를 의미하는 것이었다.

그러나 무엇보다 중요한 것이 있다. 경학 연구를 의미하건, 성리학에 대한 이론적 탐구를 의미하건 조선 유학자들에게 '실학'이란 문학적인 취향이나 사회적 성공 같은 개인적 차원으로 국한되지 않고 국가와 사회와 개인을 유가적 가치로 이끌어나갈 '진정한 학문'이었다는 점이다.

14.
퇴계와 율곡의 실

  실리와 실심, 실학 등은 조선 성리학자들의 사상적
경향과 태도를 보여주는 중요한 개념이다. 실리와 실심을 중요한 사상적
지향으로 세운 유학자 가운데 한 사람이 조선을 대표하는 성리학자 퇴계
이황李滉(1501~1570)이다.

  퇴계는 우선 '성誠'을 진실무망 즉 진실되어 거짓됨이 없는 상태라고 해
석하는 성리학의 전통을 그대로 계승한다. 퇴계 역시 성리학의 전통에 따
라 '원형이정元亨利貞'이라는 천도天道의 네 가지 원리가 자연계에서 원활히
작동하는 과정을 '진실무망眞實無妄' 즉 진실하고 망령됨이 없는 성실한 상
태라고 표현한다. 또한 천도의 작용을 만물을 낳고 낳는 '성실성誠'으로 규
정하고 이를 특별히 진정한 이치라는 의미에서 '실리實理'라고 부른다. 한
편 이정 형제와 주희 등은 이러한 천도의 진실하고 거짓됨이 없는 작용을
'조화造化'라고도 부른다. 이 대목에서 퇴계는 천지자연의 조화라는 측면
과 사람 안에서의 작용이라는 측면을 구분하여 각각 실리와 실심으로 나

누고자 한다. 다시 말해 퇴계는 "조화의 관점에서는 실리가 되고 사람에게 있으면 실심이 된다在造化則爲實理, 在人則爲實心"(『퇴계선생문집退溪先生文集』 「답김이정答金而精」)고 말하며 천도를 자연적 측면과 인심人心의 측면으로 구분하려는 것이다.

이理의 조화 즉 이의 작용이 실리이고 이것이 사람 안에 내재되어 있으면 실심이 된다. 이러한 관점에서 퇴계는 실리를 곧바로 이의 별칭으로 이해하려는 입장을 비판한다. 퇴계가 실리와 실심을 구분하고자 했던 것은 본체로서의 이와 그 이가 작용한 결과를 구분하고자 했기 때문이다. 퇴계의 이러한 주장은 '이가 스스로 발한다理發'거나, 또는 '이가 움직인다理自動'는 퇴계 철학의 핵심적 명제에서 드러나듯 만물의 근원으로서의 이가 독자적이고 주체적인 작용을 한다고 강조하는 퇴계 철학의 기본 구도와 일맥상통한다.

조선 유학자들 가운데 누구보다 실리와 실심의 의미를 확장하고 강조하고자 한 성리학자는 율곡 이이李珥(1536~1584)였다. 율곡만큼 '실'을 중시하고 다양한 개념을 활용한 조선 유학자도 흔치 않을 것이다. 기본적으로 율곡은 「중용中庸」에서 기원하는 성誠과 실리에 대한 성리학의 일반적 전제와 퇴계의 입장을 계승한다. 율곡 역시 성을 천과 인 두 차원에서 이해하면서 이를 각각 천도 차원의 실리와 인간 차원의 실심으로 부른다. 그러나 율곡은 이-실리의 차원보다 실심과 실심의 작용에 더욱 중점을 둔다.

율곡의 학문적 지향은 언제나 '실학'에 있었다. 율곡은 여러 문맥에서 '실학'의 중요성을 강조한다. 이때 실학은 언제나 속학俗學과 대비되는 의미로 사용된 것이다. 율곡은 "실심이 없으면 종일토록 말한 것이 모두 속학

실實, 세계를 만들다

에 불과하다若無此實心, 則終日云爲, 皆是俗事"(『율곡전서栗谷全書』「시정사학도示精舍學徒」)라고 말한다. 더 나아가 율곡은 "사람에게 실심이 없으면 천리에 어긋난다人無實心, 則悖乎天理矣"고 주장한다.

율곡은 천도 혹은 천도의 조화를 의미하는 실리 역시 형이상학적 원리로서의 이理뿐 아니라 구체적인 통치의 방법이라는 의미로 해석하기도 한다. 율곡은 도덕 정치를 통해 백성을 이끌었던 고대의 성왕 "요순이 '실리'로 천하를 다스린 것이고 '실리'로 천하를 교화했다堯舜以實理而治天下, 以實理而敎天下"(『율곡전서』「신선책神仙策」)라고 생각한다. 이 맥락에서 실리란 추상적인 원리가 아니라 구체적인 정치 행위들 다시 말해 작용의 차원을 의미하는 것이다.

이처럼 율곡은 실심의 실질적인 실현 혹은 실천을 중시한다. 예를 들어 율곡은 "반드시 실심이 있은 다음에 실질적인 공적을 실행할 수 있다必有實心, 然後乃下實功"라고 말한다. 실공 외에도 율곡은 '무실無實'이나 '독실篤實' 같은 통상적인 표현 외에도 실심의 구체적 작용으로서의 '실효實效' '실사實事' '실적實跡' 같은 용어를 여러 문맥에서 반복적으로 사용한다. 율곡이 강조하는 '무실' 즉 실에 힘쓴다는 말 역시 실공實功과 실효實效를 추구하는 것일 뿐이다.

또한 율곡은 전통적인 유학의 용어와 개념들에 '실'을 연결해 실천성과 실효성을 강조한다. 예를 들어 몸소 실천한다는 의미의 궁행躬行도 '궁행의 실질躬行之實'로 표현하고 잘못을 뉘우쳐 선으로 옮겨간다는 개과천선 역시 '개과천선의 실질改過遷善之實'이라고 표현한다. 이 때문에 연구자들은 율곡 사상의 핵심이 실심을 가지고 실효를 추구하는 것이라고 평가하기

1장 풀이하는 글: 실實을 둘러싼 논쟁들

도 한다.

이 때문에 율곡의 사상은 '무실사상' 혹은 그는 조선에서 일어난 '실학의 원조'로 평가되기도 한다. 성리학에 대한 비판적 사유나 실용적 학문에 대한 관심은 후대 유학자들에 비해 두드러지지 않지만 적어도 율곡이 당대의 어떤 학자보다 실과 실의 실천성을 강조했다는 점에서는 큰 이견이 없을 것이다. 만약 율곡을 실학의 원조로 볼 수 있다면 그것은 실에 대한 율곡의 관심과 열정 때문일 것이다.

15.
정제두의 실

　　강화학파를 이끈 하곡 정제두鄭齊斗(1649~1736)는 조
선을 대표하는 양명학자 중 한 사람이다. 본래 주희를 학문적 정통으로 삼
아 주희의 해석과 다른 이론을 전개하는 지류들을 경계해온 조선의 사상
적 풍토에서 이른바 '주자학'을 비판한다는 것은 대단히 위험한 일이었다.
정통 성리학을 학술과 정치의 토대로 삼는 주류 학자들로부터 이단으로
치부되어 공격받게 될 것이기 때문이다.

　　정제두는 조선 유학에서 독특하게 양명학을 학문적 중심으로 삼아 평
생 그 가르침을 실천하고자 노력했고 주류의 학문이었던 성리학의 추상성
과 사변성을 비판한 학자였다. 어려서 과거에 급제했지만 당대의 학풍에
비판적이었던 정제두는 결국 벼슬자리에 나가는 것을 포기하고 안산과 강
화도 등지에 은거하며 양명학 연구에 몰두했다. 경종 때나 영조 때 조정에
불려나가기도 했지만 말년에는 강화도에 정착해서 제자들을 길렀기 때문
에 정제두와 그의 제자들을 '강화학파'라고 부른다.

정제두는 성리학을 '거짓된 행위假行'이자 '공허한 학문虛學'이라고 비판한다. '허학'이란 성리학자들이 현실 세계를 떠나 개인적인 깨달음을 추구하는 불교를 비판하던 용어였지만 정제두의 입장에서 성리학이 도리어 허학에 가까웠다. 그것은 성리학에서 말하는 '이理'가 자신이 생각하는 '이'와 달랐기 때문이다. 정제두에게 이란 기로 이루어진 현실 세계를 떠난 추상적 원리가 아니라 해와 달, 계절의 순환을 이루는 힘이자 만물에 내재하면서 만물을 생성하고 변화시키는 실질적인 이치를 의미한다.

용어와 개념, 세계관을 공유하는 유학자로서 이에 대한 정제두의 입장과 성리학자들의 이론에 근본적인 차이가 있다고 보기는 어렵다. 그러나 정제두는 양명학의 입장에서 이理를 개체의 밖에 별도로 존재하는 추상적 원리로 이해하는 주자학적 관점을 비판하고 이를 자연 세계와 인간 세계의 실질적인 작용을 이끄는 살아 있는 조화의 원리로 이해하고자 한다. 이러한 관점에 따르면 생명성이 없는 것 혹은 자연적 질서와 인간 사회의 윤리적 질서 밖에 존재하는 것들은 참된 '이理'를 드러낼 수 없다. 또 사물을 떠나 별도로 존재할 수 있는 독립적인 '이理'도 없다. 이는 사물 밖에서 사물을 주재하는 초월적인 이치가 아니라 사물 안에서 그 사물을 그 사물로 살아 있고 활동하게 하는 힘이다. 정제두는 이를 '생물조화生物造化'의 이치라고 간주하고 생명성을 바탕으로 운용되는 안정된 자연적 질서 혹은 인간 사회의 윤리적 질서에 참여할 수 있는 존재들 안에서만 진정한 이理를 찾을 수 있다고 생각한다.

정제두가 특히 중점을 두었던 것은 원리나 이념이 아니라 일상에서의 구체적인 실천 즉 '실'의 문제였다. 학문하는 과정에서 그는 수차례 '실'의

실實, 세계를 만들다

중요성을 강조했다. 정제두를 위한 비문에서 어떤 제자는 "선생의 도는 상하가 밝고 투철하셨는데 오직 실實 한 글자만은 없앨 수 없었다. 진실로 충하셨고 진실로 효하셨고 진정으로 치지致知하시고 진정으로 격물格物하셨으며 말씀에 과장이 없고 행실에 속임이 없으셨다先生之道, 上下昭徹, 惟一實字, 不可微滅. 實忠實孝, 實致實格, 言無夸嚴, 行無僞飾"(『하곡집霞谷集』「제문祭文」)라고 말하기도 한다.

실제로 정제두는 그의 저서에서 실리, 실심, 실덕實德, 실정實情 등 다양한 맥락에서 실에 관련된 개념을 적극적으로 활용한다. 그는 영조에게 정치적으로 조언하는 자리에서 "실심으로 실정實政을 행하는 것"이 진정한 공부라고 제안한다. 실심이란 곧 마음에 내재한 성誠이며 이러한 실심이 구체적으로 발현될 때 지知가 되고 이로부터 진정한 행行이 이루어지면 이것이 곧 실학이라는 것이다. 정제두에게 실심이란 마음속에 내재한 실리이며 인간의 실천의 근원을 의미한다는 점에서 곧 마음의 본체로서의 양지良知이기도 하다.

정제두는 사변적인 탐구보다 양지의 현실적 실현을 더욱 중시하며 일상생활에서 양지를 통해 선과 악을 구분하고 언제나 선한 마음을 유지하려는 노력을 강조한다. 그리고 이로부터 출발하여 궁극적으로는 천문이나 수학, 지리, 의약 등 백성의 삶에 직접적인 효용을 가진 실용적 학문을 강조하는 방향으로 나아간다. 바로 이 점 때문에 20세기 초반에 활동했던 민족사학자 정인보鄭寅普(1893~1950)는 정제두와 강화학파의 사상을 '실심지학實心之學'으로 규정하고 이들의 학술적 실천으로부터 조선 유학의 독자적이고 자생적인 힘을 확인하고자 한다. 이들이 실심을 통해 도덕을 회

복하고 실천을 통해 백성을 실용으로 이끌어 국가를 부흥시키려는 실천적
인 사유의 소유자들이었다고 평가하는 것이다.

조선의 르네상스라고 불리는 18세기에 활동했던 학자 담헌 홍대용洪大容(1731~1783)은 조선 후기의 사상적 변화 가운데 독특한 위상을 차지하고 있다고 평가받는다. 『을병연행록』과 같은 연행 기록이나 『주해수용籌解需用』 같은 수학서의 저술가로는 물론, 지구설地球說이나 지전설地轉說 등 서양의 자연철학을 유학의 맥락에서 독창적으로 변용했던 유학자로 잘 알려진 홍대용은 그간 사변적인 성리학과 차별적인 실용적인 학문이라는 의미에서 조선 후기의 '실학' 사조를 대표하는 학자로 평가된다.

홍대용은 중국을 경유해 조선에 들어온 서양의 다양한 지식을 개방적인 태도로 수용하고 이를 자기 사상과 종합했던 진보적인 학자이기도 하지만 그가 스승으로부터 배운 학문은 정통적인 성리학이었다. 홍대용에게 큰 영향을 미친 스승은 미호 김원행金元行(1702~1772)이다. 홍대용은 스승인 김원행으로부터 배운 가장 큰 가르침이 '실심' '실사'의 공부였다고 회고 한다.

김원행은 조선 후기에 전개되었던 성리학의 중요한 논쟁 중 하나인 호락논쟁湖洛論爭 즉 '사람과 사물의 본성이 같은가 다른가'에 관한 성리학적 논쟁에서 인성과 물성이 같다고 주장하던 핵심 인물 중 한 사람이었다. 이 논쟁을 인물성동이론人物性同異論이라고 부르기도 한다. 권상하權尙夏(1641~1721), 한원진韓元震(1682~1751) 등 인물성이론을 주장하던 이들의 학설을 호론湖論이라 부르고 이간李柬(1677~1727), 이재李縡(1680~1746) 등 인물성동론을 주장하던 학자들의 입장을 낙론洛論이라 부르는데 이는 이들이 각각 충청도 지역과 서울 경기 지역에 살았기 때문이다. 이 가운데 홍대용이 나아가 배운 김원행이 낙론계 이재의 제자였기 때문에 홍대용 역시 인성과 물성이 같다고 보는 낙론계에 속한다.

홍대용의 관점에서 '실학' 즉 진정한 학문이란 내성외왕內聖外王, 수기치인修己治人을 목표로 하는 유학이고, 그 밖에 과거 공부만을 위한 학문, 수사적 글쓰기에 치중한 문학, 무의미한 글자의 훈고학적 고증, 노장 사상이나 불교의 허무한 공담, 주관적인 마음에 치중하는 양명학 등은 실학에 대척점에 있는 허학들이었다.

특히 홍대용은 실학이 시작되는 기원이자 토대가 '실심'이라고 생각했다. '실심'은 김원행이 학문의 근본적인 태도로 강조하던 주제였다. 김원행은 실심을 통해 독서하고 이치를 궁구하면 실사實事가 아님이 없고, 실사가 이루어지면 실공實功이 있게 된다고 말하며 매사에 실심을 강조한다. 스승으로부터 실심에 대해 배운 홍대용 역시 이를 평생의 학문적 종지로 삼는다. 홍대용은 "오직 실심, 실사로써 매일 실지實地를 밟아 먼저 이 진실

실, 세계를 만들다

한 본령이 있은 후에야 모든 주경主敬, 치지致知, 수기修己, 치인治人의 방법이 바야흐로 실지에 놓여 허무한 그림자로 돌아가지 않을 수 있다"고 말한다.

여기서 실지란 사변적이고 추상적인 세계가 아니라 현실 세계에 발을 두는 것 다시 말해 현실에서 이루어지고 있는 실질적인 일에 착수하는 것을 말한다. 수양의 과정 가운데 경敬을 위주로 하는 일과 앎을 지극히 하는 일, 자신을 닦은 일과 다른 사람을 다스리는 일이 모두 실질적인 기반 위에서 이루어져야 한다는 것이다. 이들이 책임져야 하는 세계란 부모와 자식의 관계, 임금과 신하의 관계, 앎을 추구하고 학문을 쌓아가는 일, 개인적인 내밀한 수양부터 백성을 다스리는 일까지 삶의 전 영역을 의미한다.

홍대용은 실심에서 실사로, 실사에서 다시 실지로 향하도록 '실'의 태도를 모든 영역에 확장하고자 한다. 이는 곧 개인의 내면적인 수양으로부터 사회적, 정치적 활동에 이르기까지 내외의 수양, 학문과 정치적 실천이 모두 궁극적으로 현실 세계에 토대를 두고 이를 올바른 방향으로 이끌어나가려는 실천적 시도여야 한다는 그의 학문적 목표를 보여준다. 홍대용은 '실심실학'의 태도와 정신으로 누구보다 독창적으로 새로운 학문을 수용했고 그 안에서 유가적 가치의 실현 방법을 찾았던 것이다.

그의 주저 『의산문답醫山問答』 역시 홍대용의 사상에 '실'이 얼마나 중요한 역할을 하는지 잘 보여준다. 『의산문답』은 현실을 떠나 유학의 지식과 이념만을 숭상하는 허자虛子의 무능하고 비실천적인 인식을 '실사實事'와 '실정實情'에 입각한 개방적 인물 실옹實翁이 해체해가는 과정을 다루고 있는 글이다. 이름부터 허와 실의 대립 구조로 짜놓은 홍대용의 진정한 목표는 공리공담에서 벗어나 현실을 바꿀 구체적이고 실질적인 실천을 통해 조선을 개혁해나가는 것이었다. 이런 관점에서 홍대용은 누구보다 개방적으로 다양한 학술을 수용했다. 그는 서양 자연학 지식을 수용해 둥근 지구가 빠른 속도로 돌고 있다는 지전설을 주장하기도 하고 천문학에 대한 관심으로 직접 천문관측기구인 혼천의를 제작하기도 한다. 연행사절을 따라 북경에 갔을 때는 서양 선교사들이 머무는 천주당에 들러 그들의 천문관측기구와 악기들을 살펴보기도 했다. 홍대용에게 실은 실리와 실심을 강조하는 책 속 혹은 실질과 실천을 중시해야 한다는 말 속에 있지 않았고 직접 만들고 관찰하는 실제와 실천의 행위 속에 있었던 것이다.

실實, 세계를 만들다

일반적으로 우리는 조선 후기에 나타났던 새로운 사
상적 기조를 '실학'이라고 부른다. 교과서에도 등장할 정도로 일반적인 개
념이 된 '실학'은 조선 후기 유학자들이 보여준 새로운 사상적 경향 즉 성
리학 일변도의 학문 풍토에 대한 비판과 함께 실용적이고 과학적인 지식
을 강조하는 실천적인 학문의 경향을 의미하는 것으로 이해된다. 일반적
으로 실학자로 분류되는 이들은 성호星湖 이익李瀷(1681~1763), 다산茶山
정약용丁若鏞(1762~1836) 등을 중심으로 한 기호남인이나 홍대용, 박지원
朴趾源(1737~1805), 박제가朴齊家(1750~1805) 등으로 대표되는 북학론자들
이다.

학술적으로 '실학'이라는 개념과 범위, 성격과 주체는 열려 있는 개념이
다. 뒷장에서 살펴보겠지만 여전히 성리학과 대별되는 역사적 실체로서의
'실학'이 존재하는지, 그 개념이나 범위에 대한 논쟁이 완결되지 않았기 때
문이다. 그럼에도 적어도 현재 우리 학계와 대중이 조선 후기에 나타난 모

종의 학문적 경향성을 통상 '실학'이라고 부른다는 점은 부정하기 어렵다.

실학의 집대성자로 불리는 다산 정약용 역시 실심, 실용, 실천 등의 용어를 강조하며 '실천실용의 학문實踐實用之學'을 강조한다. 정약용이 말하는 실천실용의 학문이란 부모를 섬기고事親 윗사람을 공경하고敬長 임금에게 충성하고忠君 백성을 기르는牧民 일 그리고 예악禮樂, 형정形政, 군사軍旅, 재정財賦 같은 실질적인 일들이다. 한마디로 유학의 학문적 지향인 '수기치인'의 실질적인 내용들을 실천실용의 학문이라고 부르는 것이다.

실을 강조하는 학문적 경향과 관련하여 다른 유학자들과 다른 점이 있다면 정약용이 성리학의 이론적 토대인 이理 개념과 이가 곧 우리의 본성이라는 이론을 부정한다는 점이다. 따라서 다산은 본성을 알고자 하는 노력, 이를 통해 '천天'을 알고자 하는 노력을 허무한 것으로 평가한다. 본성과 이理를 높이는 대신 정약용은 영명하고 인격적인 천이 나의 행동 하나하나를 들여다보고 있다고 생각하면서 항상 스스로를 반성하고 경계해야한다고 강조한다. 이런 두려움과 경계를 통해 하늘을 섬기는 마음을 실심이라고 말한다.

동시에 이 실심은 고원한 본성과 초월적 천리를 추구하는 것이 아니라 일상생활에서 맺는 인륜의 관계, 백성의 생활에 보탬이 되는 실질적인 일들을 지향하는 마음이고 그러한 마음으로 행하는 학문이 실천실용의 학문이다. 정약용의 관점에서 실심은 마음의 본체가 아니라 도덕적인 각성을 통해 매순간 실천하는 마음이라고 할 수 있다.

한편 정약용의 실심은 '경敬'이나 '충서忠恕' 같은 자기 수양의 기본 개념들에 대한 다른 표현이기도 하다. 정약용은 유학에서 도덕적 수양의 토대

인 '경敬'이 마음을 고요하게 하려는 의도적인 노력을 통해 얻어지는 것이
아니라 외물과 접하는 과정에서 '실심'으로 생각하고 접할 때 얻어지는 효
과라고 강조한다. 자기를 미루어 타인을 이해하는 능력인 충서 역시 실심
의 한 양태일 뿐이다.

  그러나 실심에 대한 정약용의 강조는 개인의 도덕적 수양에 한정되지
않는다. 지방 행정관들을 위한 지침서 『목민심서』에 등장하는 '실심'을 확
장시킨 표현들이 이를 보여준다. 『목민심서』에는 '실심애민實心愛民' '실심구
민實心救民' '실심위국實心爲國' 같은 표현들이 등장한다. 이 표현들은 모두
참되고 실천적인 마음으로 백성을 사랑하고 구제하며 나라를 위해야 한
다는 점을 절실히 강조하려는 것들이다. 정약용은 이理, 성, 태극 등의 추
상적 사변을 벗어나 수양과 정치적 실천 두 측면에서 일관되게 실심을 강
조했던 것이다.

1884년 3월 27일자 『한성순보漢城旬報』에 「이국일성伊國日盛」이라는 기사가 실린다. 이탈리아의 발전 소식과 그 발전의 배경을 전하는 이 기사에 다음과 같은 부분이 나온다.

이른바 실학實學이란 곧 격치格致 일단一端일 뿐이다. 만일 동양 여러 나라의 재주 있는 사람들이 여기에 종사할 수 있다면 동양 제국이 약함을 벗어나 강하게 될 큰 기회가 여기에 있다. 그러나 어떤 사람들이 동인東人이 서학西學을 배우는 것은 이적夷狄을 써서 화하華夏를 바꾸는 일이라 하며 이를 못마땅하게 여기고 있다. 오호라 이는 세 집 밖에 없는 마을에서 겨울의 화톳불을 둘러싸고 일어난 생각만큼 옹졸한 것이다. '천문 역산天算'의 격치 등 여러 학문은 세계의 공학共學이지 서양인들이 사사로이 독점한 것이 아니다. 천문 역산은 이미 복화씨羲和氏에 의해 시작된 것이며 격치학은 이미 「대학大學」에 나타나 있는데 다만 후인들이 버려 두고 강구하지 않는 동안 저들 서인은 그 단서를 얻어서 마음을 가다듬어 실리를 구해서 기술의 정교함을 완성하고 부강의 실효를 거두게 되었다. (…) 천문 역산의 격치는 곧 천하의 공학이지 서학이 아니며 또한 오늘날 절실히 쓰이는 학문이며 도道를 해롭히는 이단에 비할 것이 아니다. 그러나 동인들은 도리어 서학이라고 지목하고 있으니 대관절 얼마나 잘못된 것이겠는가.

1989년에 창간된 최초의 근대 신문 『한성순보』에 따르면 '격치'가 곧 '실학實學'이며, 격치학은 서양의 전유물이 아니라 「대학」에서 시작된 '공학共學' 즉 보편적인 학문이라고 주장한다. '격치'란 본래 사물에 대한 근원적 탐구를 의미하는 유학의 명제 '격물치지格物致知'를 축약한 말이었다. 그러나 19세기 말에서 20세기 초 동아시아에서 '격치학'은 서양의 근대 과학과 그 분과들을 의미하는 용어였다.

19세기 동아시아에 쇄도하던 서양 학문의 영향으로 서양의 문물을 수용해 부국강병을 이루자는 양무운동기의 중국이나 근대 초기 조선에서 지식인들은 '격치'라는 전통적인 용어로 서구 과학을 자국에 도입하고자 했다. 이들에게 격치학이란 더 이상 성리학의 학문 방법론이 아니라 산학算學, 광학光學, 화학化學, 공학工學, 의학醫學, 농학農學 등 서구 근대적인 분과 과학을 의미했다.

『황성신문』에서 격치학 즉 서구 과학을 실학이라고 부르는 것은 전통적인 학문에 대한 반성에서 비롯된 것이다. 이들은 "서세동점의 원인을 궁구해보면 저들이 실학을 추구할 때 우리는 허문虛文만 숭상했기 때문이다.

1장 풀이하는 글: 실實을 둘러싼 논쟁들

만일 이 같은 폐단을 바로 잡고 또 별도로 유신을 도모하면 안으로 국가를 굳건할 수 있고 밖으로 적을 막을 수 있으니 즉 모든 허위의 습관이 씻겨 나가고 오로지 실사구시만으로 하루 이틀 계속 이렇게 유념하면 수십 년 뒤에는 반드시 서국西國을 능히 능가하여 위에 설 것窮其所以則 彼事實學而我尚虛文也. 欲矯其弊而另圖惟新, 內可以固國, 外可以禦敵, 則一切虛僞之習, 蕩滌屛除, 惟實事求是, 一日二日念玆在玆則其數年之後, 必有能凌駕西國而上之矣. 所謂實學者卽格致一端是矣"(『한성순보』, 「이국일성伊國日盛」, 1884년 3월 27일자)이라고 생각했다.

이처럼 19세기 말 동아시아 지식인들에게 실학은 국가를 새롭게 개조해줄 서양 과학의 다른 이름이었다. 서세동점이라는 시대적 조건에 따라 근대 전환기 동아시아에서 '실학'은 유학의 진실성이나 학문적 진리성을 표현하는 말이 아니라 서구의 특정한 학문적 경향을 가리키는 말로 변화한 것이다. 특히 실학은 그 자체로 구학舊學 즉 유학과 대비되는 신학新學을 의미하기도 했다. 당시 잡지에는 "오늘날은 가히 실학시대實學時代요, 실력세계實力時代다. 실학이 없으면 국가가 망하고 실력이 없으면 민족이 망한다"는 식의 문장들이 보인다. 이 문장에서 말하는 실학은 유학을 토대로 한 구학과는 다른, 서구적인 지식과 과학을 의미하는 것이었다.

실학이 신학, 그것도 서구 근대적 분과학문이라는 의미로 사용되는 경향은 20세기 초반 대한제국기(1897년에서 1910년 사이)에 두드러진다. 외세의 위협이라는 국가적 위기 상황에서 1897년 조선은 국호를 대한제국으로 바꾸고 주체적으로 근대화를 추구하고자 했다. 외세의 위협으로부터 벗어나기 위해 조속히 서구의 제도와 문물을 도입하고자 했던 대한제국은 서양의 교육 제도와 체계를 수용하는 과정에서 '실학'이라는 용어를 적극적

실實, 세계를 만들다

으로 사용한다.

이 시기 국가와 지식인들은 조선이 근대 국가로 변모하기 위해 교육 제도의 변화가 시급하다는 인식을 공유하고 있었다. 이 때문에 대한제국은 초기부터 '학부學部'라는 조직을 두고 새로운 교육 정책을 적극적으로 추진해나갔다. 예를 들어 1900년에 광산鑛山 계통의 실무자를 양성하기 위해 설립된 광무학교鑛務學校의 「광무학교관제鑛務學校官制」는 제1조를 "광무학교는 광업鑛業에 필요한 실학을 교육하는 곳으로 정함"으로 두고 있다.

이처럼 이 시기 새로 도입된 교육 제도와 이를 통해 설립된 학교들은 대체로 '실학'과 '실업實業'을 교육의 핵심적인 강령으로 내세우고 서구 근대적 분과 지식들을 조선에 도입하고자 했다. 서구 근대적 분과학문들을 실용적이고 실증적인 신학으로 여기고 이를 조선에 절실히 요구되는 '실학'으로 규정했던 것이다. 이 시기 실학이라는 개념에는 근대적 교육 제도의 구축을 통해 조선의 독립과 근대화를 추구하고자 했던 국가적 노력이 담겨 있다.

다양한 '실'의 파생적 표현 가운데 우리에게 가장 익숙한 용어는 아마 '실학'일 것이다. 앞에서 살펴본 바대로, '실' 뿐만 아니라 '실학' 역시 일종의 통시대성을 지닌 용어였다. 어떤 시대건 어떤 상황에서건 나름의 '실학'이 존재했고 기능했다는 의미다. 송대 성리학자들이 불교와 도교의 학풍을 허학이라고 폄하하면서 유학의 실천성과 현세주의적 성격을 부각시키기 위해 실학이라는 용어를 사용했듯 실학은 어디에도 있고 어디에도 없었다. 유학이 자신의 학문을 실학이라고 규정할 때 이는 유학의 다른 이름이라기보다는 유학의 성격과 학문적 목표를 설명하고 서술하기 위한 서술적 표현에 가깝다.

그러나 현대 한국에서 사용하는 '실학'이라는 용어는 상황이 다르다. 일반적으로 우리 학계에서 '실학'은 임진왜란 이후 조선 후기에 사회 경제적 변화와 체제의 모순을 극복하기 위해 선구자들에 의해 제안된, 역사적으로 실체를 확인할 수 있는 새로운 사상적 기조로 평가된다. 좀 더 좁혀 말하자면 왜란과 호란을 겪은 이후 대두된 새로운 풍조의 사상으로 영정조 대에 전성을 이루었던 학술을 지칭하는 것으로 여겨진다. 그러나 많은 사람이 이 용어가 일제 강점기에 일부 학자들에 의해 범주화되고 개념화된 말이라는 사실을 알지 못한다.

기본적으로 '실학'이라는 용어는 전근대 조선의 학풍을 설명하기 위해 1920~1930년대 지식인들에 의해 학술적으로 제안되고 1950년대에 전문적인 연구자들의 논쟁과 연구 성과의 축적을 통해 학술적 용어로 공인된 이른바 '신조어'다. 다시 이 맥락에서의 실학은 조선 후기 사상사를 재구성하려는 학문적 시도 속에서 제시된 의도적 개념인 것이다.

'실학'이 정식의 학술적 개념으로 활용되기 시작한 것은 1930년대 조선학 운동을 통해서다. 민족주의 사학자 정인보鄭寅普는 성호 이익의 백과전서식 유서『성호사설星湖僿說』을 안정복이 분야별로 선별해서 편집한『성호사설유선星湖僿說類選』의 서문을 쓰면서 조선 후기의 학풍을 '의실구독지학依實求獨之學'이라고 규정한다. 독립적인 태도로 실질을 구하는 학문이라는 의미로 즉 실질을 토대로 독자성을 추구하는 학문이라는 것이다. 그는 또한 성호학파의 역학易學, 경제, 문학, 예학, 정학政學, 정치학, 청나라를 거쳐 전래된 과학 사상 등에 대해 특별히 '실학'이라는 명칭을 부여하고 특히 정약용이 이를 계승하여 민중적인 경학經學, 정치 원리를 확립했다고 평가한다.

또한 최남선崔南善(1890~1957) 역시 1930년대에 저술한『조선역사강화朝鮮歷史講話』에서 조선 후기에 실지實地, 실증實證, 실용實用에 근거한 '실학實學의 풍風'이 존재했다고 주장한다. 사회주의자로서 국문학자였던 김태

준金台俊(1905~1950)은 "신구 사회의 전환기에 있어서 항상 남보다 빠르게 구사회의 모순을 적발하고 거기에 대한 개조책을 말하고 때로는 신사회의 건설책까지 상상하려는 시대적 선구가 있는 것이니, 이를 조선사 위에서 논한다면 이조李朝 말기의 소위 실사구시의 학파"라고 평가한다. 그는 조선 후기에 전시대의 학풍과 구분되는 개혁 사상이 존재했고 정약용이 그 학파의 중요한 인물이라고 본다. 사학자 문일평文一平(1888~1939)은 실사구시를 추구하는 학문이라는 의미에서 조선 후기의 학풍을 '실사구시학'이라고 부르기도 한다.

이렇게 1930년대에 등장한 '실학' 개념은 해방 후 우리 학계의 일반적인 인식으로 자리 잡는다. 주체적이고 자생적인 근대화의 가능성을 우리 내부에서 찾고자 했던 학술적 경향 속에서 실학은 조선 유학의 다른 이름이 되었다. 현재까지 실학에 관한 연구들은 대체로 다음 두 가지 배경을 실학 형성의 토대로 간주한다. 왜란과 호란 등 거듭되는 전쟁으로 국토가 황폐해지고 각종 역병이 도는 등 민생이 파괴되어가는 상황에서 성리학을 교조적 이념으로 삼아 지배 질서를 강화하려 한 지배층의 지나친 명분론과 당리적 경쟁을 비판하는 과정에서 새로운 학풍으로서 실학이 대두되었다는 것이다. 다시 말해 실학은 부국강병이나 민생 등 현실적인 요구들을 담아내려는 지배 담론에 대한 반동적 학술로 평가된다.

이러한 경향을 주도한 것은 특히 정권에서 소외되어 있던 일부 재야의 유학자들 특히 남인계 학자들이었다. 선행 연구들은 실학의 외부에 '형이상학적 사변에 치우쳐 공리공담에 빠져 있는' 주류 유학이 존재했고 이에 대한 비판과 반성의 차원에서 남인들을 중심으로 새로운 학풍이 시작되었다고 평가한다.

　명청 교체기에 중국에 들어온 서양의 학술과 문물 즉 서학의 영향과 청대의 고증학적 학풍 역시 실학 형성에 중요한 역할을 했다고 여겨진다. 서학과 고증학이 성리학의 사변적이고 도덕적인 경향과 거리가 있는 객관적이고 현실적인 문제로 관심을 돌리게 했다는 것이다. 이러한 학문적 자극을 통해 성리학 일변도의 학풍을 넘어서 천문, 역사, 지리, 제도, 문물 등 실증적이고 실용적인 학풍이 확산되었다고 평가된다.

　결과적으로 일제 강점기 국가를 잃은 일군의 학자는 '실학'이라는 개념을 통해 조선 후기에 자주적이고 근대적인 학풍이 존재했음을 입증하고자 했다. 최남선, 정인보, 안재홍安在鴻(1891~1965) 같은 일제 강점기 학자들은 조선 사회가 정체되어 있기 때문에 일제의 식민 지배를 받을 수밖에 없다는 일제의 식민사관을 극복하고자 조선 후기의 학풍을 '실학'으로 규정하고 이로부터 조선의 자생적, 내재적 발전의 가능성을 확인하고자 했던 것이다. 개혁적이고 민족적인 사상이 조선 후기에 존재했었고 이것이 발전했다면 조선이 독자적으로 근대화되었을 것이라는 발상이다. 이에 따라 '실학'이라는 개념에는 '근대성' '자주성' '과학성' 등의 이념이 덧붙여지면서 결과적으로 '실학=근대성'의 도식이 암묵적으로 승인되었다.

　이러한 상황에서 현재 한국 사회에서 실학은 하나의 보편명사로서 폭넓게 받아들여지고 있다. 그러나 여전히 '실학'은 상당히 논쟁적인 개념이다. 연구자들은 '실학'을 조선 후기의 새로운 사상 체계 또는 새로운 패러다임으로 보고 실학을 "근대 지향적, 민족주의적, 탈성리학적" 학술 경향으로 평가하지만 이런 규정은 대단히 모호하다. '근대성'의 기준을 명확히 하기 어렵다는 점도 문제지만 과연 조선 후기에 나타났던 특정한 학풍을 탈성리학적이었다거나 민족주의적이라는 특성을 공유하고 있었는가 하는 점도 논쟁거리다.

열린 주제이기 때문에 학자들마다 실학의 기원이나 범위를 다르게 규정하기도 한다. 예를 들어 어떤 연구는 조선 '실학'의 기원을 정통 주자학자인 퇴계까지 소급하기도 하고 어떤 연구는 반계 유형원柳馨遠(1622~1673)이나 성호 이익처럼 성리학의 사변적 이론과 달리 실용적이고 실질적인 주제들을 논했다고 인정받는 이들을 실학의 원조로 보기도 한다. '실학'의 정의를 백성의 일상생활에 보탬이 되는 실용적이고 실질적인 학문이라고 규정한다면 퇴계로 소급하는 것도 이론적 설득력이 있지만 '실학'을 성리학과 대별되는 새로운 학풍으로 이해한다면 정통의 성리학을 추구했던 퇴계나 율곡은 실학과 큰 연관이 없는 학자들로 분류되어야 할 것이다.

현재 연구자들이 동의하는 것은 조선 후기에 일부 학자들 사이에서 주자학을 교조적으로 해석하고자 했던 주류 담론과 다른 방향과 각도에서 보다 실용적이고 실질적인 학술이 시도되었다는 점이다. 그러나 현재 '실학자'로 분류된 학자들의 사상이 모두 사회개혁적인 것만은 아니며 더 나아가 반성리학적이지 않다는 점도 간과할 수 없다. 일반적으로 실학자들에게 기대되는 민족주의적 성격 역시 명확하게 발견하기 어려운 학자도 많다.

실학을 추구하면서도 여전히 성리학의 자장 안에 남아 있는 학자들도 쉽게 발견할 수 있다. 예를 들어 대표적인 실학자로 평가받는 성호 이익은 서양의 과학 지식을 높게 치고 실용적인 학문의 중요성을 강조하면서도 조선의 주자로 추앙받았던 퇴계 이황을 평생 존숭했으며 그의 학문을 계승하고자 노력했다. 이 시기 학자들 가운데 어떤 이들은 천문학, 수학, 지리학, 의학, 기계 제작 등 보다 사변적인 이론 논쟁보다는 백성의 삶에 유용한 실용적인 학문을 추구했다는 점은 분명하다. 그러나 그러한 경향을 곧바로 '근대성'의 추구로 이해하기에는 어려운 점이 있다. 더 나아가 실학을 성리학과의 대척점에 있는 대립적인 학문으로 규정하는 것은 20세기의 관점일 뿐 당시 조선 후기 학자들에게 성리학과 실학 사이에 강력한 긴장이 존재했다고 볼 근거는 없다.

물론 조선 후기의 학문적 경향에서 근대적인 성격을 찾기 어려운 것은 아니다. 넓은 문맥에서 현재 우리가 이해하는 '실학'은 동아시아의 물적 토대와 조선의 사회적 변화를 토대로 발생한 유학의 변용이자 유학의 확장이라고 볼 수 있다. 이 확장과 변용의 과정에서 조선 사회의 병폐를 극복하려는 선진적이고 개방적인 이념과 실천들이 포함되는 것은 자연스러운 현상일 것이다. 문제는 실학에 대한 연구에 지나치게 '근대성'이라는 틀을 적용하려는 연구 태도다. 서구 근대성을 하나의 기준으로 적용해서 조선 유학으로부터 그러한 경향을 찾고자 한다면 이러한 시도는 실패할 가능성이 높기 때문이다.

그런 의미에서 우리는 '실학'을 보다 넓은 문맥에서, 포괄적인 시야에서 살펴볼 필요가 있다. '민족'이나 '근대성'등 일방적인 시선을 벗어나 조선 후기의 정치적, 경제적, 사상적 토대에 대한 면밀한 검토 뿐 아니라 중국, 일본, 서양 등 주변 국가들과의 관계 등 폭넓은 범위에서 복합적이고 중층적인 요인들을 살피려는 개방적인 연구가 요구되는 상황이다.

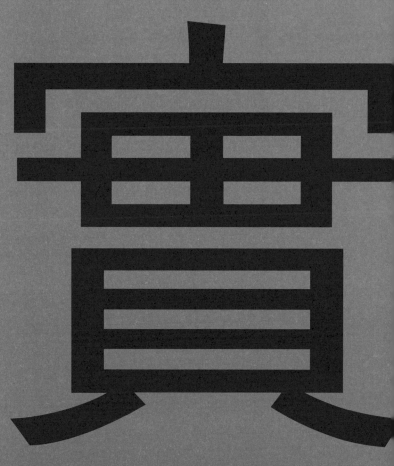

원전으로 읽는 실實

공자가 말했다. "싹이 돋고도 꽃피우지 못한 것이 있고, 꽃이 피고도 열매 맺지 못한 것이 있다!"

『논어』「자한」

「자한子罕」 편에 나오는 문장이다. 앞에서도 살펴보았지만 공자는 '이름을 바르게 한다'는 의미의 정명론을 통해 명과 실의 올바른 관계에 대해 논한 바 있지만 실질적으로 '실'을 명과 대비시키거나 독립적 개념으로 사용하지 않았다. 『논어』에서 '실'이라는 단어는 두 번 사용되었다. 이 구절에서 실이란 말 그대로 열매를 가리킨다. 그러나 공자가 말하려는 것은 싹과 꽃과 열매 사이의 자연적 관계가 아니다. 공자는 싹과 꽃과 열매의 관계를 통해 세상의 일 혹은 사람의 일을 비유하고 있다. 싹과 꽃과 열매는 자연적인 순리로 보이지만 자연 세계에서도 반드시 이 순리가 그대로 실현되는 것은 아니듯 사람의 일에 있어서도 언제나 기대한 바가 실현될 수 있는 것은 아니다. 그렇다면 이 구절에서 실은 기대한 결과 혹은 효과라는 의미로 해석될 수 있을 것이다.

이 대목에서 공자의 세계 이해 혹은 인간 이해의 한 단면을 볼 수 있다. 공자는 정해진 운명이 있다고 여기지 않았지만 인간뿐 아니라 자연에도 기계적 인과관계가 성립하지 않는다고 생각한다. 그럼에도 공자는 노력을 멈추지 않아야 한다고 믿었다. 그 자신이 문지기로부터 "안 될 줄 알면서도 하는 사람知其不可而爲之者"이라는 평가를 들었지만 공자는 옳은 가치가 있다면 결과 혹은 기대 효과에 관계없이 최선을 다해야 한다고 여겼던 것이다.

【공자 2】 원문 2

증자가 말했다. "유능하면서 무능한 이에게 묻고, 박식하면서 과문한 이에게 물었다. 있으면서도 없는 듯하고, 꽉 차 있으면서도 빈 듯하고, 비판받아도 따지지 않았다. 전에 나의 벗이 이와 같이 노력했다."

『논어』 「태백」

열매 혹은 기대 효과를 의미하는 명사적 용법에 이어 이 구절에서 '실'은 무엇인가를 채우고 있다는 술어적인 단어다. 「태백泰伯」편에 나오는 이 구절에서 '실'은 앞 구절과 마찬가지로 추상적이거나 사변적인 의미를 포함하고 있지 않다. 공자는 실제로는 뛰어난 사람임에도 스스로를 드러내 보이지 않는 사람을 가리키기 위해 서로 반대가 되는 두 개념을 연결해서 어떤 이의 인품을 기술하고 있다.

이때 실은 유有와 같은 의미로, '없는無 듯' '비어 있는虛 듯' 자신을 낮추지만 실제로는 무엇인가 중요하고 의미 있는 것을 갖추고 있다는 의미에서 사용된 것이다. 여기서 유와 실은 내용을 채우려는 노력 혹은 그 노력의 결과로 얻은 실질이라는 의미를 담고 있다. 공자가 말만 번드르르한 사람을 싫어했을 뿐더러, 말만 앞서고 현실에서 말의 내용을 다 채우지 못하는 것도 부정적으로 바라보았던 점을 생각하면 이 문장에 보이는 유와 실의 의미를 더욱 분명히 이해할 수 있을 것이다.

호생불해가 물었다. "악정자는 어떤 사람입니까?" 맹자가 답했다. "훌륭한 사람이자 미더운 사람이다." "어떠한 경우를 훌륭한 사람善人이라 이르고 어떠한 경우를 미더운 사람信人이라고 말합니까?" 답했다. "바랄만한 것이 선이요, 선이 그 자신에게 있는 것을 일러 미더움이라고 한다. 선이 충실한 것을 일러 아름답다고 하고 선이 충실해서 빛이 발하는 것을 일러 위대하다고 한다."

어느 날 호생불해浩生不害라는 제나라 출신 제자가 맹자에게 악정자樂正子라는 인물에 대해 질문한다. 악정자는 맹자의 제자로 노나라에서 벼슬을 했던 인물이다. 맹자는 특히 그를 아꼈던 듯하다. 그가 노나라에서 벼슬을 하게 되었다는 소식을 듣고 기뻐 잠을 이루지 못했을 정도니 말이다. 그렇다고 그가 그렇게 뛰어난 인물이었던 것은 아니다. 맹자는 그가 어떤 사람이냐는 다른 제자의 질문에 악정자가 그다지 지혜롭거나 사려 깊지도 않고 견문이나 지식이 많은 것도 아니라고 답한 일이 있다. 그럼에도 왜 그토록 기뻐하셨느냐는 제자의 질문에 맹자는 그가 선을 좋아하는 인물이기 때문이라고 답한다. 능력과 관계없이 선한 인품을 가진 사람이었음을 알 수 있다.

「진심盡心 하」에 나오는 이 구절 역시 악정자의 사람됨에 대한 제자의 질문에 맹자가 답하는 내용으로, 특히 그의 인품을 묘사하는 부분에 '실'이라는 개념이 등장한다. "충실한 것을 일러 아름답다고 한다"는 것은 선을 꾸준히 실현해서 그 결과가 자신 안에 쌓이면 아름다움이 절로 드러난다는 것이고 "충실해서 빛이 발하는 것을 일러 위대하다고 한다"는 것은 선을 실현한 결과가 자신의 밖으로 드러날뿐더러 빛이 발하듯 주변에까지 확산되는 상태를 말한다. 단순히 선을 자기 안에 채운 것이 아니라 주변에까지 확산할 수 있다면 그런 사람은 위대하다고 평할 수 있을 것이다. 이 맥락에서 충실은 선이 실질적으로 실현된 상태 다시 말해 도덕적 가치를 실제로 실현하는 것을 의미한다고 할 수 있다.

인仁의 실질은 어버이를 섬기는 것이고 의義의 실질은 형兄을 따르는 것이다. 지知의 실질은 이 두 가지를 이해하고 버리지 않는 것이다. 예禮의 실질은 이 두 가지를 절도 있게 하는 것이며 악樂의 실질은 이 두 가지를 즐거워하는 것이다. 즐거움이란 자연히 생기는 것이니 자연히 생기면 어찌 그만둘 수 있겠는가. 아무리 해도 그만둘 수 없다면 자신도 모르는 사이에 손과 발이 춤추게 되는 것이다.

『맹자』 「이루 상」

「이루離婁 상」에 보이는 구절에서 실은 특정한 개념의 실질 혹은 본질이라는 의미를 담고 있다. 인의 본질은 고원하거나 추상적인 것이 아니라 오로지 부모를 잘 섬기는 것일 뿐이고 의의 본질은 형을 잘 따르는 것일 뿐이라는 의미다. 맹자는 인이나 의, 지와 같은 추상적 개념의 실질적 내용을 어버이를 섬기거나 형을 잘 따르는 것이라며 대단히 구체적으로 명시하고 이 구체적인 실천들을 '실'이라고 표현하고 있다. 다양한 관계에 요구되는 윤리적 의무를 다하는 것을 진정한 '실'로 이해하는 맹자의 관점은 이후 유학의 이론적인 토대로 자리 잡았다.

먹이기만 하고 사랑하지 않으면 가축으로 대하는 것과 마찬가지요, 사랑하지만 공경하지 않는 것은 짐승으로 기르는 것이다. 공경은 물질적인 것이 오가기 전에 이루어져야 하는 것이다. 공경하되 그 실질이 없다면 군자는 헛되이 거기에 얽매이지 않는다.

「맹자」「진심 상」

먹이고 아껴주는 것은 인간관계 특히 윗사람이 아랫사람과 관계 맺는 가장 일반적인 방식이다. 먹이고 아낀다는 것은 생존권을 보장하고 인격적으로 대우하는 것을 말한다. 이 대목에서는 특히 제후와 제후에게 정치적 조언을 하는 맹자와 같은 현자賢子의 관계를 비유적으로 가리킨다. 권력을 가진 제후는 아랫사람이지만 현명한 정치적 조언을 제시하는 현자들의 생존권을 보장하고 인격적으로 아끼며 공경해야 한다. 그러나 공경의 과정에서 오직 표면적인 것만 성취되어서는 올바른 관계라고 할 수 없다. 다시 말해 생계는 유지시켜주더라도 진심으로 아끼는 마음이 없거나 아끼는 마음이 있더라도 공경하지 않으면 그것은 실질이 빠진 것에 불과하다. 공경은 폐백과 같은 물질을 통해서가 아니라 제후와 현자의 올바른 관계를 통해 실현되는 것이다. 제후가 현자를 진심으로 공경하고 그의 말을 경청하면서 존귀하게 대우하는 것이 맹자가 의미하는 '실'이라고 할 수 있을 것이다. 결과적으로 이 구절에서 맹자는 '실'이라는 개념을 통해 진심과 진정성이 없는 관계를 비판하고 있는 셈이다.

말에 실질이 없는 것은 상서롭지 못하니 상서롭지 못한 것의 실
질은 어진 이를 은폐하는 것이 이에 해당한다.

「맹자」「이루 하」

「이루離婁 하」에 보이는 이 구절에서도 실은 실질이나 본질 혹은 핵심이
라는 의미로 사용되었다. 맹자 역시 공자와 마찬가지로 말에 실질이 없는
것 즉 말만 하고 그에 따른 실질을 실현하지 못하는 것을 특히 경계했다.
맹자는 말에 실질이 갖추어지지 못한 상태를 상서롭지 못하다고 평한다.
특히 어진 이가 뜻을 펴지 못하도록 가리는 일이 상서롭지 못한 일의 핵심
이라는 것이다. 이 구절에서 맹자는 앞에서 본 구절과 마찬가지로 실을 모
종의 실질적 내용, 본질, 핵심이라는 의미로 사용하고 있다.

순우곤淳于髡이 말했다. "명과 실을 앞세우는 자는 백성을 위하
는 것이요, 명과 실을 뒤로 돌리는 자는 자신을 위한 것이니 공
자께서는 삼경의 지위에 계셨으나 명과 실이 위와 아래에 전해지

지 않았는데도 떠나셨으니 인자仁者도 진실로 이와 같이 합니까?" 맹자가 말했다. "낮은 지위에 있으면서 어짊으로써 어질지 못한 이를 섬기지 않았던 것은 백이伯夷였고 다섯 번 어진 임금인 탕왕에게 나아가고 다섯 번 폭군인 걸왕에게 나아간 자는 이윤伊尹이었고 더러운 군주를 싫어하지 않고 낮은 관직을 사양하지 않은 자는 유하혜柳下惠였으니 이 세 사람이 향한 길은 같지 않았으나 추구한 바는 같았으니 같다는 것은 무엇인가? 인이다. 군자는 또한 인을 추구할 뿐이니 어찌 가는 길이 같을 필요가 있겠는가?" 순우곤이 말했다. "노나라 목공 때 공정한 재상인 공의자公儀子가 정치를 했고 공자의 제자인 자유와 자하가 신하가 되었으나 노나라가 땅을 잃는 일이 더욱 심해졌고 이와 같다면 현자가 있더라도 나라에 유익함이 없을 것입니다." 맹자가 말했다. "우虞나라는 진秦나라의 현인인 백리해百里奚를 등용하지 않아 패망했고 진나라 목공은 그를 등용하여 패자가 되었으니 현인을 쓰지 않으면 나라가 망할 뿐, 땅을 잃을 겨를도 없다." 순우곤이 말했다. "옛날 동요를 잘하는 왕표王豹가 기수 물가에 살았을 때하서 지방 사람들이 동요를 잘 불렀고 노래를 잘하는 면구緜駒가 고당에 살았을 때 제나라 서쪽 사람들이 노래를 잘 불렀으며 전쟁터에서 전사한 화주華周와 기량杞梁의 처가 그 남편의 상에 곡을 잘하자 나라의 풍속이 바뀌었습니다. 안에 가지고 있으면 반드시 밖으로 나타나니 실질적인 일이 있는데도 그에 따른 공효가 없는 경우를 제가 일찍이 보지 못했습니다. 그러므로 이 세상

에 현자가 없는 것이니 있다면 제가 반드시 알 것입니다." 맹자가 말했다. "공자가 노나라의 총재司寇가 되셨는데 공자의 정치적 제안이 쓰이지 않고 게다가 제사가 끝났는데도 법도상 와야 할 제사 고기가 이르지 않자 면류관도 벗지 않으시고 떠나셨다. 공자를 모르는 사람들은 제사 고기 때문에 떠났다고 하고 공자를 아는 자들은 왕이 무례했기 때문에 떠났다고 하지만 그러나 공자께서는 하찮은 죄로 구실을 삼아 떠남으로써 구차하게 떠나려고 하지 않으신 것이니 군자가 하는 바를 사람들이 진실로 알지 못하는 것이다."

『맹자』「고자 하」

「고자告子 하」에 나오는 유명한 대화다. 순우곤은 말재주가 뛰어났던 전국시대 변사 중 한 사람으로, 여기서 그는 맹자에게 공자의 정치적 선택을 어떻게 평가해야 하는지에 관해 질문하고 있다. 그러나 실제로 순우곤이 지적하고자 하는 바는 공자의 거취 자체가 아니라 맹자의 거취라고 할 수 있다. 순우곤은 현자가 정치 일선에 있었지만 나라의 쇠망을 멈출 수 없었던 예를 들어 맹자가 실제 정치를 바꿀 수는 없었을 것이라고 비꼬고 있다. 이에 대해 맹자는 현자를 등용하지 않으면 쇠락이 아니라 아예 패망뿐이라며 반론한다. 더 나아가 순우곤은 실질적인 일이 있으면 그 공효가 밖으로 드러날 것이라고 말하면서 맹자가 제나라에서 공을 세우지 못했으니 현자라고 할 수 없다고 비판한다.

이 대목에서 명과 실, 안에 있는 것과 겉으로 드러난 것의 의미를 짚어 보아야 한다. 순우곤이 말하는 명과 실은 명성과 실질적인 공효 또는 공적 이라고 할 수 있다. 사회적 명성과 명성에 걸맞은 실질적인 공적을 앞세우 는 이들은 백성을 위한 것이고 명성에도, 명성에 맞는 공적에도 관심이 없 는 이들은 자기 자신을 우선하는 이들일 터인데 공자는 인을 내세웠으면 서도 왜 그에 맞는 공적을 세우지 못했는가 하는 것이 순우곤의 논점이다. 그는 끝까지 실질적인 공적이 있다면 그 명성이 밖으로 흘러나왔을 것이 라고 주장한다. 만일 공자나 맹자나 훌륭한 공적이 있다면 자신에게 현자 라는 명성이 들렸을 것이라는 주장이다.

이에 대해 맹자는 일관된 태도로 변론한다. 맹자는 명과 그에 따른 실 이 반드시 드러나는 것은 아니며, 진정한 가치를 추구하는 성인의 심중은 겉으로 드러난 이름이나 혹은 실질적인 효과에서 판단할 수 없다는 것이 다. 명과 실은 반드시 일치하는 것도 아니고, 실이 반드시 외적인 형태로 드러나는 것도 아니다. 맹자에 따르면 올바른 가치와 이념은 반드시 실질 적인 효과로 돌아오지 않을 수도 있고 명성으로 표현되는 것도 아니다. 맹 자는 명에 실을 맞추고자 했던 공자와 달리 도덕성을 지향하기만 한다면 방법이 같을 필요도 없고 언제나 실질적인 효과로 나타나지 않을 수도 있 다고 강조하는 것이다.

맹자는 사회적 명성이 반드시 실질적 공적과 일치하지 않으며 현자가 추구하는 것은 단순히 양자의 일치가 아님을 분명히 한다. 맹자는 실의 의 미를 공적이나 공효가 아니라 보다 근본적인 차원에서 새기며 일의 진정 한 본질이나 실질로 보면서 그 본질을 '인'이라는 근본적인 가치로 제안하고 있는 것이다.

그러므로 왕이 명을 제정하면 명이 정해져서 실질이 변별되고 도가 행해져서 뜻이 통하게 되면 신중히 백성을 이끌어 그들을 하나로 만들 수 있다. 그러므로 말을 갈라 멋대로 이름을 지어서 바른 명칭을 혼란스럽게 하면 백성이 의혹을 갖게 되어 사람들 사이에 말다툼과 송사가 많아질 것이니 이를 일러 큰 간사함이라 한다. 그 죄는 사신들의 신표인 부절이나 도량형을 위조하는 것과 같다.

「순자」「정명」

'명을 바로잡는다'는 유학의 핵심 이론을 편명으로 내세운 「정명正名」 편에 등장하는 구절이다. 앞에서 보았지만 공자는 '명'을 정치 질서를 구축하고 유지하는 하나의 토대이자 방법으로 활용하는 전통을 세운 인물이다. 공자의 정명론을 비판적으로 계승해서 심화하고 발전시킨 인물은 공자의 계승자로 자처한 맹자가 아니라 순자였다. 순자는 이 구절에서 명과 실의 관계, 그리고 그에 따른 통치의 효과에 대해 논하고 있다. 순자에게 무엇보다 중요한 것은 명칭이다. 명칭이 확정되면 그에 따라 실질 혹은 실제를 변별하고 구별할 수 있게 된다.

예를 들어 '정의'라는 개념이 확실히 정해지면 정의인 것과 아닌 것의 실질이 구별된다는 것이다. 이것이 백성 사이의 의심과 다툼, 송사를 막는 길이고 백성을 하나로 이끄는 정치적 방법이다. 이 때문에 순자는 명칭을 어지럽히는 일을 가장 큰 사회적 악으로 규정한다. 멋대로 이름을 지어내면 마치 도량형을 속이듯 사회를 혼란스럽게 만들 수 있기 때문이다. 순자는 사회적 혼란을 줄이고 정치의 효과를 높이는 방법을 '명'의 안정된 제정과 운용에서 찾고 있음을 알 수 있다. 특히 순자는 실과의 관계에서 '명'에 우선권을 부여하고 있다.

【순자 2】 원문 9

지금은 성왕들이 돌아가시어 명을 지키는 일이 태만해지고 기이한 말들이 생겨나 명과 실이 혼란스러우며 옳고 그름의 상황이 분명하지 않으니 비록 법을 지키는 관리나 경서를 연구하는 유자라 해도 역시 모두 혼란에 빠져 있다. 서로 다른 형체에 대해 서로 다른 마음으로 받아들이면 다른 사물의 명과 실이 엉켜버려 귀천을 밝힐 수 없고, 동이同異를 분별할 수 없다. 이렇게 되면 뜻이 서로 통하지 않는 폐단이 생겨나 일이 막혀버리는 화가 생기게 된다. 그러므로 지혜로운 자는 이 때문에 분별하고, 명칭을 제정해서 사물을 지칭함으로써, 위로는 귀천의 구별을 명확히 하며, 아래로는 사물의 동이를 변별한다. 귀천이 명확해지고 동이가 구별되면, 뜻이 통하지 않는 폐단이 사라지고 일이 곤란해

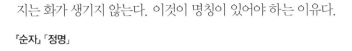

지는 화가 생기지 않는다. 이것이 명칭이 있어야 하는 이유다.

『순자』「정명」

「정명」편에서 왜 사회적으로 명칭이 제정되어야 하는지를 밝히는 대목이다. 순자는 자연적, 사회적 현상과 사물에 각기 분명한 명칭을 부여하고 그 명칭과 실제를 분명히 일치시키면 사회적 혼란이 줄어들 것이라고 믿는다. 순자에게 올바른 명칭과 그에 따른 실질의 규정은 일상생활에서 같고 다름을 구분하고 더 나아가 사회적으로 귀천을 분별하기 위해 필수적인 과정이다. 순자에 따르면 명과 실의 안정은 고대 성왕들의 통치의 토대였다.

이런 관점에서 순자는 당시의 사회적 혼란의 원인을 명과 실의 불일치 혹은 불안정에서 찾고 있다. 명과 실의 관계가 혼란스러우면 옳고 그름을 판별하는 기준이 불명확해지고 그에 따라 사회적 제도의 운용 역시 혼란스럽게 된다는 것이다. 혼란을 해결하는 방법은 지혜로운 자가 "명칭을 제정해서 그에 합당한 실질을 지칭하게 하는 것制名以指實"이다. 이 대목에서 순자가 명에 실을 이끌고 규제하는 실질적 힘을 부여하고 있음을 알 수 있다. 순자는 명을 사회적인 규약이나 약속으로 이해하고 규약이 안정적으로 제정될 때 그에 따라 실질이 구체적으로 실현될 수 있다고 생각했던 것이다.

마음은 '인지적 능력徽知'을 가지고 있다. 인지적 능력이 있기 때문에 귀를 통해 소리를 알 수 있고 눈을 통해 형체를 알 수 있다. 그러므로 인지적 능력은 반드시 인체의 다섯 감각 기관이 물건의 여러 종류를 주관해 정리하기를 기다린 연후에 알 수 있다. 다섯 감각 기관이 그것들을 정리해도 알지 못하고 마음이 그것을 인지해도 언어로 표현하지 못한다면 사람들은 모두가 그는 알지 못한다고 말할 것이다. 이것이 명칭의 동이를 따지는 까닭이다. 그런 뒤에야 그에 따라 명명을 하게 된다. 실질이 같으면 이름을 같게 하고, 실질이 다르면 명칭을 다르게 한다. 하나만으로 알 수 있는 것에는 '고유명사單名'를 부여하고 하나만으로 알 수 없는 것에는 '복합명사兼名'를 부여한다. 고유명사와 복합명사로도 서로 상충될 경우에는 '공동의 명칭共名'을 부여한다. 비록 공명으로 해도 해가 되지 않는 것은 실질이 다른 것을 명칭을 달리 해야 함을 알기 때문이다. 그러므로 실질이 다른 것은 명칭을 달리하지 않을 수 없으므로 혼란해질 수 없다. 이는 실질이 같은 것들에 대해 이름을 같게 해야만 하는 것과 같다.

「순자」 「정명」

「정명」 편의 구절로, 순자의 논리학에 해당하는 부분이다. 공자와 맹자 같은 다른 유학자들과 달리 순자는 정치적 차원이나 도덕적 차원에서 명과 실을 논하기에 앞서 논리적 차원에서 언어를 구분한다. 이 구절에 등장하는 단명, 겸명, 공명은 순자가 기능과 역할에 따라 명칭을 세분화하기 위해 제안하는 이름의 논리적 단위들이다. 단명은 개별적인 사물에 붙이는 단순명사이고 겸명은 두 개 이상의 개념을 지칭할 때 쓰는 복합명사와 같다. 예를 들어 사과는 단순명사로서 단명이 되고 빨간 사과는 복합명사로서 겸명이 된다. 공명은 일종의 공통 개념 즉 유개념에 가깝다. 나중에 보겠지만 묵가는 유사한 개념을 유명類名이라고 표현한다. 언어를 논리적 관점에서 구분하고 기능에 따라 분류하는 것이 순자만의 관심사가 아니었음을 알 수 있다. 사상적 분화에 따라 순자를 비롯해 여러 학자가 인간의 언어와 인식의 특징에 대해 깊이 탐구했던 것이다.

【순자 4】 원문 11

그러므로 만물이 비록 많으나 어느 때는 이들을 한꺼번에 거론하고자 할 때가 있으니 이를 일러 '물物'이라고 한다. 물이라는 것은 가장 큰 공명共名이다. 미루어 공통적인 이름을 만드는데 공명 위에 또 공명이 있으니 더 이상의 공통된 명칭이 없는 데 이르러 그친다. 그러나 어느 때에는 개별적으로 거론하고자 할 때가 있으니 예를 들어 조수鳥獸와 같은 것이다. 조수라는 것은 가장 큰 별명別名이다. 미루어 개별적인 이름을 만드는데 별명 아래 또 별명이 있으니 더 이상 개별적인 명칭이 없는 데 이르러 그친다.

명칭이란 본래 고유한 바가 없고 약속을 통해 명명하게 되는 것인데 약속에 의해 정해지면 그것이 습속이 되니 이를 일러 '실질적인 이름實名'이라 한다. 명칭 가운데는 본래 좋은 것들이 있으니 간단하고 알기 쉬우며 헷갈리지 않으면 이를 일러 좋은 명칭이라고 한다. 사물 가운데는 모양은 같으나 놓인 장소가 다른 것이 있고 모양이 다르지만 놓인 장소가 같은 것이 있는데 이런 것들은 구별할 수 있다. 모양이 같으나 놓인 장소가 다른 것은 비록 합할 수 있지만 이를 일러 두 개의 실질이라고 한다. 모양이 변했지만 실질에 차이가 없는데도 달라진 것을 일러 변화했다고 하고 변화했지만 차이가 없으면 이 경우 하나의 실질이라고 한다. 이것이 사물에 있어 실질을 고찰하여 수를 정하는 근거다. 후왕이 명칭을 정할 때 살피지 않을 수 없는 것이다.

『순자』「정명」

공명과 별명은 공통 개념과 종개념으로 구분할 수 있을 것이다. 공통 개념들은 일종의 층위가 있다. 예를 들어 가구가 하나의 공통 개념이라면 가구 위에 생활용품이라는 공통 개념이 올 수 있다. 이렇게 더 큰 범위로 미루어 나가다보면 가장 큰 공통 개념에 이르게 되는데 이것이 바로 '물物'이다. 물이란 인간과 자연, 사회 등 모든 영역을 총괄하는 가장 총체적인 개념이라고 할 수 있다. 이와 별도로 조수와 같은 개념을 '별명'이라고 부르는 것은 개별적인 특성을 분류하기 위해서다. 이 별명 가운데도 가장 작은 단위는 개별적인 사물의 이름이 되겠지만 고유한 특성을 지님으로써 다른 것들과 구분되는 개념을 상위로 미루어 나가다보면 일종의 종개념에 도달하게 된다. 개와 고양이가 각각 다른 것과 구분되는 별명이라면 그 별명 가운데 가장 큰 단위는 종개념이 되는 것이다.

「정명」 편에 나오는 이 대목에서 가장 중요한 것은 공명과 별명의 구분이 아니라 이름이 제정되는 과정에 대한 순자의 입장이다. 순자는 이름에 본래부터 고유한 것은 없다고 말한다. 다시 말해 인간 사회 밖에 이름을 제정하는 근원적인 힘이 별도로 존재하지 않는다는 것이다. 이름은 사회적 약속을 통해 제정되고 그 뒤에 일종의 습속으로 굳어지는 과정에서 확정된다.

예전에 당뇨병이나 고혈압 같은 질병은 '성인병'이라는 명칭으로 분류되었다. 그러나 이러한 명칭은 마치 당뇨병과 고혈압이 나이가 들어감에 따라 나타나는 일반적인 질환이라는 오해를 불러일으키고 결과적으로 병의 원인을 잘못 이해하게 만드는 문제가 있었다. 이런 문제를 해결하기 위해 전문가들은 성인병 대신 '생활 습관병'이라는 명칭을 사용하도록 권하고 있다. 잘못된 생활 습관이 병을 유발한다는 것을 이해시키기 위한 명칭이라고 할 수 있다. 이처럼 명칭은 사회적 약속을 통해 정해지고 그 사회적 약속이 사회 구성원들 사이에서 동의를 얻어 하나의 습속이 되면 그 경우 '실질적인 이름實名'으로 부를 수 있다. 이름이 사회적 동의를 통해 확정되고 그 실질에 대한 이해가 사회적으로 확산될 경우 이러한 이름이 진정하고 충실한 이름이라는 생각이다.

언설이 선왕의 가르침에 맞지 않고 예의를 따르지 않는 것을 가
리켜 간언이라고 한다. 비록 말에 조리가 있더라도 군자는 들으
려 하지 않는다. 선왕을 본받고 예의를 따르며 학문하는 자들을
깨우쳐준다 해도 선왕에 대해 담론하기를 좋아하지 않고 예의에
대해 말하기를 즐거워하지 않는다면 분명 진실한 선비가 아닐 것
이다. 그러므로 군자는 선왕의 말씀에 대해 마음으로 좋아하고
행동으로 실천하며 즐겁게 이를 설명한다. 그래서 군자는 반드
시 말을 잘하는 것이다. 모든 사람이 자신이 좋아하는 바를 말
하기 좋아하지만 그 가운데서 군자는 가장 좋아한다. 그러므로
군자가 남에게 말을 준다는 것은 황금과 보석이나 주옥보다 더
귀중하고 남에게 말을 보인다면 화려한 의복보다 더 아름다우며
남에게 말을 들려준다면 종과 북, 거문고나 비파 소리보다 더 즐
거울 것이다. 그래서 군자는 담론에 싫증을 느끼지 않는다. 저속
한 이들은 이와 반대이니 거친 바탕만 좋아하고 아름답게 수식
하는 것은 돌아보지 않는다. 이런 까닭으로 평생 저속한 범인의
처지를 면치 못한다.

『순자』「비상」

「비상非相」 편에 나오는 문장이다. 『논어』에서 공자는 "실질적인 내용이

겉모양보다 뛰어나면 투박하고 겉모양이 실질적인 내용보다 뛰어나면 번지르르하다. 문채와 실질이 적절히 조화된 뒤라야 군자라고 할 수 있다質勝文則野, 文勝質則史, 文質彬彬, 然後君子"라고 말한 바 있다. 이 구절에 등장하는 실은 바탕 혹은 실질적인 내용이라는 의미로 쓰인『논어』의 '질質'과 같은 의미로 사용된 것이다. 순자는 군자라면 반드시 선왕의 훌륭한 가르침과 예의에 대해 말하기를 좋아하고 그래서 말하기를 즐겨한다고 생각한다. 올바르고 진실된 담론이라면 군자는 싫증내지 않는다는 것이다.

중요한 것은 군자가 단지 말의 내용에만 마음을 쓰는 것이 아니라 그 표현에도 마음을 쓴다는 것이다. 순자는 말의 내용이나 실속도 중요하지만 드러내는 방식, 아름답게 표현하는 과정도 중요하다고 본다. 여기서 순자가 말하는 '문文'은 단지 화려한 꾸밈을 의미하지 않는다. 아무리 좋은 내용이라도 올바른 소통의 방법과 절차, 격식 즉 일종의 문화적 양식을 갖추어야 올바른 소통이 된다는 것이다. 그러나 저속한 이들은 내용만 보고 절차와 형식, 격식에 신경 쓰지 않는다. 결국 문과 실 즉 문과 질이 조화되지 못하고 서로 어긋난다면 자칫 간언이 되기 쉽고 아무도 귀기울여주지 않는 저속한 사람의 말이 될 것이다.

이 구절이 흥미로운 것은 군자가 말하기를 좋아하고 즐겨한다는 순자의 생각이다. 공자는 여러 차례에 걸쳐 말을 잘 꾸미는 사람, 지나치게 말을 잘하는 사람을 경계한 바 있다. 말이 실질적인 실천을 넘어서면 안 된다는 것이다. 이에 비해 순자는 말을 좋아하고 잘하는 것을 군자의 본질로 여긴다. 물론 순자의 경우도 단지 말만 잘하는 것이 아니라 선왕과 예의에 대해 말하기를 좋아한다는 의미지만 언어와 실제 사이의 관계에 대해 공자가 순자보다 엄격했던 것은 분명하다.

【순자 6】 원문 13

옛날 유세하며 다니던 이들 가운데 가려져 있던 이들이 다음의
학파들이다. 묵자墨子는 실용에 가려져 문화의 가치를 몰랐고 송
자宋子는 욕망을 줄이는 데에 가려져 재화의 가치를 알지 못했으
며 신자申子는 법에 가려져 현자를 알지 못했고 신자愼子는 권세
에 가려져 지혜를 알지 못했으며 혜자惠子는 말에 가려져 실질을
알지 못했고 장자莊子는 천에 가려져 사람을 알지 못했다. 그러
므로 실용을 따르는 것을 도라 한다면 이득만 좇게 될 것이고 욕
망을 줄이고자 추구하는 것을 도라 한다면 만족만 추구하게 될
것이며 법을 따르는 것을 도라 한다면 술수만 추구하게 될 것이
고 권세를 따르는 것을 도라 한다면 편의만 추구하게 될 것이며
말을 따르는 것을 도라 한다면 논변만 추구하게 될 것이고 천을
따르는 것을 도라 한다면 순응만 추구하게 될 것이다. 이 몇 가
지 방법은 모두 도의 한 귀퉁이일 뿐이다. 도란 일정한 본체를
바탕으로 모든 변화를 다하는 것이니 한 귀퉁이로는 전체를 들
기 부족하다. 부분적으로만 아는 사람은 도의 귀퉁이를 보고서
전체를 알 수 없다.

「순자」「해폐」

순자가 당시 활동하던 여러 학파를 비판하는 「해폐解蔽」 편의 한 대목이다. 순자는 겸애로 잘 알려진 묵자, 인간의 본질적인 욕망이 적다고 주장했던 제나라 직하학파의 일원 송견宋鈃, 법가 가운데 세勢를 중시했던 신도愼到, 장자의 친구이자 명가와 마찬가지로 논리적 관심을 추구했던 혜시惠施, 그리고 유명한 장자 같은 사상가가 한쪽에 치우쳐 있음을 비판하고 있다. 특히 혜자는 말의 논리적 관계를 따지느라 실질을 보지 못했다는 점에서 비판받고 있는데 이 부분은 앞에서 본 문과 실의 관계와 유사하지만 강조가 바뀌어 있다.

순자는 이 구절에서 혜자가 언어적 논리에만 신경 쓰다가 실질 혹은 본질을 놓치고 있음을 비판함으로써 양자가 조화를 이루어야 한다고 주장한다. 묵자에 대한 비판에 등장하는 실용과 문식 역시 실과 문의 관계로 볼 수 있다. 순자는 실질적이고 실용적인 것들과 외적인 수식 혹은 언어적 표현이 조화를 이루어야 진정한 도의 참모습이라고 생각하는 것이다. 여기서 문, 문식, 문채는 일종의 문화 혹은 사회적 제도를 의미하고 용과 실은 실질적인 내용을 의미한다고 볼 수 있다. 순자는 양자의 균형을 통해 문화적 제도 안에서 실질적인 발전을 이끌어나가고자 기획했던 것이다.

【노자 1】 원문 14

현명함을 숭상하지 않으면 백성이 다투지 않게 될 것이다. 얻기 어려운 재화를 귀하게 여기지 않으면 백성이 도적질하지 않게 될 것이다. 욕심낼 만한 것들을 보이지 않는다면 백성의 마음을 어지럽히지 않게 될 것이다. 그러므로 성인의 다스림은 그 마음을 비우고 그 배를 채우며 뜻을 약하게 하고 뼈를 강하게 하며 항상 백성으로 하여금 불필요한 앎이나 욕망을 갖지 않게 하는 것이다. 저 지혜롭다는 자들이 감히 무엇인가 행하지 못하게 한다면 무위가 이루어져 다스려지지 않음이 없게 될 것이다.

『도덕경』

이른바 '무위정치'에 대해 논하는 유명한 구절이다. 노자는 성인의 정치를 인위적이고 의도적인 행위를 줄이는 무위라고 규정하고 그 방법을 상세히 소개한다. 현명함, 재화, 사치품, 지혜 등을 멀리하는 것이다. 그 효과는 백성들을 혼란스럽게 하거나 다투지 않게 하는 것이다. 노자가 말하는 "마음을 비우고 배를 채운다"는 것은 백성으로 하여금 자연적인 조건, 생명의 올바른 실현에 목표를 두고 살도록 한다는 의미로 해석할 수 있다.

현명함이나 지혜, 재화에 마음을 쓰면 결국 내 자신의 것이 아닌 것들로 마음을 채우게 된다. 영원히 내 것이 될 수 없는 외적인 것들 때문에 마음이 혼란스러워지면 서로 경쟁하고 빼앗게 되는 어지러운 세상이 될 뿐이다. 노자는 불필요한 욕심과 지혜에 대한 추구를 버리고 온전히 자기 삶과 생명에 집중할 때 자연스럽게 삶은 안정되고 통치도 온전히 실현될 것이라고 생각한다.

높은 덕은 덕스럽지 않으니 그리하여 덕이 있다. 낮은 덕은 덕을 잃지 않으려 하니 그리하여 덕이 없다. 높은 덕은 인위적인 행위를 하지 않되 무로써 행하고 낮은 덕은 인위적인 행위를 하되 유로써 행한다. 높은 인은 인을 행함에 있음으로써 하고 높은 의는 의를 행함에 있음으로써 한다. 높은 예는 예를 행함에 응하지 않을 때는 팔뚝을 걷고 잡아당긴다. 그러므로 도를 잃은 이후에 덕이 되고, 덕을 잃은 이후에 인이 되며, 인을 잃은 이후에 의가 되며, 의를 잃은 이후에 예가 된다. 무릇 예라는 것은 충과 신의 얕은 것이며, 어지러움의 시작이다. 과거의 지식이라는 것은 도의 화려함이며, 어리석음의 시작이다. 따라서 대장부는 두터움에 처하고 얕음에 처하지 않으며, 실질에 처하고 화려함에 처하지 않는다. 그러므로 저것을 버리고 이것을 취한다.

「도덕경」

유가에서 말하는 근원적인 가치들, 다시 말해 인, 의, 예를 비판하는 대목이다. 노자는 근원적인 도에 가까울수록 인위적인 개입이 없어서 모든 것이 자연스럽게 흐르고 도에서 멀어질수록 인위적인 개입이 가해지고 점차 엄격한 규제가 된다고 말한다. 노자는 도의 차원에서 인간적 차원으로 내려오는 과정 다시 말해 무위의 차원에서 점차 인위가 개입하는 과정을 보여주고 있다. 인위적 개입의 가장 강력한 형태는 예라는 도덕적 가치를 명분으로 사회를 통제하는 것이다. 예에 응하지 않을 때는 잡아 당겨서라도 예에 응하게 한다는 대목이 이를 잘 보여준다.

노자는 그 반대에 있는 것들을 숭상한다. 충과 신을 내세우며 사람들을 통제하려는 경박함이 아니라 진정한 도의 상태에 머물 때 삶의 견고함과 두터움, 화려함이 아니라 실질을 추구할 수 있게 된다. 여기서 실은 열매이고 화는 꽃이라고 할 수 있다. 노자는 겉으로 드러난 명분 혹은 화려함이 아니라 내실을 있는 그대로 지키는 삶이 도와 합치되는 삶이라고 말한다. 노자에게 실은 자연 세계 그리고 자연 세계의 흐름과 생명력 그 자체로, 인간이 인위적으로 만든 규범과 통제의 힘은 그 반대에 있는 것들이었다.

【장자 1】 원문 16

요堯임금이 허유許由에게 천하를 물려주고자 다음과 같이 말했다. "해와 달이 돋아 세상이 환하게 밝아졌는데도 횃불이 꺼지지 않는다면 그 빛을 밝힘에 또한 공연히 어렵기만 한 것이 아니겠습니까. 때에 맞게 비가 내리는데도 여전히 물 대는 일을 계속한다면 그 논밭을 윤택하게 함에 또한 공연히 수고롭기만 한 것이 아니겠습니까. 선생께서 천자의 자리에 오르시면 곧 천하가 잘 다스려질 터인데 그런데도 내가 아직도 천하를 맡아 있으니, 스스로 돌이켜보아도 만족할 수 없습니다. 청컨대 천하를 바치고자 하니 맡아주시기 바랍니다." 허유가 말했다. "당신이 천하

를 다스려서 천하가 이미 잘 다스려지고 있는데, 내가 오히려 당
신을 대신해 통치하라면 나에게 장차 천자라는 이름을 구하라
는 것인가요. 이름이라는 것은 실질의 손님이니, 그러면 나더러
장차 손님이 되라는 것인가요. 뱁새가 깊은 숲 속에 둥지를 짓고
살 때에 나뭇가지 하나만을 필요로 하고, 두더지가 황하黃河의
물을 마실 때에 자기 배를 채우는 것 외에는 필요하지 않습니다.
돌아가 쉬십시오, 임금이시여. 나는 천하를 가지고 할 일이 아
무 것도 없습니다. 게다가 제사를 지낼 때 숙수熟手(요리사)가 음
식을 잘못 만든다고 해서 제사 자리에 앉히는 시동이나 축문을
읽는 제관尸祝이 술단지나 제사상을 뛰어 넘어가서 숙수 일을 대
신하지는 않는 법입니다."

「장자」「소요유」

「소요유逍遙遊」 편에 나오는 요임금과 허유라는 은자의 가상 대화다. 요
임금은 왕위를 자신의 아들이 아니라 효자로 소문난 순임금에게 넘겨주
어 세상을 평화롭게 했다는 고대의 성왕이다. 이 대목은 요임금이 어느 날
은거해 살고 있던 허유를 찾아가 자신의 천자 자리를 물려주겠다고 제안
한다는 허구적 내용을 담고 있다. 요임금의 제안에 허유는 천하에 아무 욕
심이 없고 천하로 이루고자 하는 바가 없는 자신이 천자의 자리를 맡는다
면 그것은 단순히 천자라는 이름 혹은 명예를 구하는 것에 불과하다고 일
축한다. 이름 혹은 명예란 실제의 손님일 뿐이라는 것이다.

이 구절에 등장하는 명과 실은 명예와 실제라는 의미에 가깝다. 장자는 허유의 입을 빌어 명과 실의 관계를 분명하게 선언한다. 명은 오직 실의 손님일 뿐이라는 것이다. 이 대목에서 장자가 실질 혹은 실제를 이름이나 명예보다 중시했다는 점을 알 수 있다. 명에 실을 맞추고자 한 공자나, 명을 세분화해서 실과의 불일치를 줄이고자 했던 순자와 달리 장자는 명에 가치를 두지 않고 오직 실에 의미를 두고 있다.

【장자 2】 원문 17

원숭이를 기르는 사람狙公이 도토리를 원숭이들에게 나누어주면서, "아침에 세 개 저녁에 네 개 주겠다"고 하자 원숭이들이 모두 성을 냈다. 그래서 다시, "그렇다면 아침에 네 개 저녁에 세 개 주겠다"고 하자 원숭이들이 모두 기뻐했다고 한다. 명과 실에 아무런 변화가 없는데도 기뻐하고 노여워하는 마음이 작용했으니 이런 잘못을 저지르지 않으려면 또한 절대의 시是를 따라야 할 것이다. 이 때문에 성인은 시비是非를 조화롭게 하여 천균天鈞에서 편안히 쉰다. 이것을 일러 양행兩行이라 한다.

『장자』「제물론」

「제물론齊物論」 편에 등장하는 유명한 이야기다. 상대를 속이는 잔꾀로 남을 농락하는 상황을 가리키는 '조삼모사'라는 고사성어가 유래된 대목

실實, 세계를 만들다

이다. 이 구절에서 조삼모사는 상대를 속이는 계략보다는 본질을 간파하지 못하는 어리석음을 비꼬는 내용이 핵심이다. 장자는 세 개와 네 개라는 이름과 실제 주어진 도토리의 개수가 일곱 개라는 실질 가운데 아무 것도 달라진 게 없는데도 쉽게 속아 넘어가는 원숭이들의 어리석음을 통해 진정한 옳음의 차원에서 생각하라고 권하고 있다. 진정한 옳음은 인간 사회의 옳고 그름 혹은 이름과 실제에 제한되지 않는 근원적인 조화와 균형의 능력에서 온다.

이 한쪽에 치우치지 않지만 양쪽의 평균을 구하지도 않는 조화의 상태를 장자는 천균이라 부르고 그 천균에서의 행위를 양행이라고 부른다. 이때 천균이란 시비에 빠지지 않고 각자 개별적인 것들의 차이가 그대로 인정되는 균등한 세계 즉 자연을 의미하고 양행이란 한쪽에 치우치지 않고 조화와 균형 속에서 차이와 모순들을 인정하는 상태를 의미한다.

장자는 자연의 무수한 존재가 다 개별적인 삶의 방식을 유지하고 본성에 맞게 살 수 있는 세계를 진정한 도의 세계라고 생각한다. 도의 관점에서 만물은 그저 각자의 가치를 가질 뿐이다. 이것이 옳고 저것이 그르며 이것이 아름답고 저것이 추하다는 판단은 언제나 자기중심적인 아집에 그칠 가능성이 높다. 이름과 실질 역시 상황에 따라 변화하기 때문에 절대적인 기준이 될 수 없다. 장자는 이렇게 한쪽에 치우치지 않고 다양한 것들을 받아들이는 개방적 태도를 양행이라 부르며 중시한다. 장자는 명과 실의 관계를 넘어 변화와 차이를 인정하는 천균과 양행의 관점에서 보고 행하도록 권하고 있다.

옛날에 걸왕桀王은 충언하는 관용봉關龍逢을 참형했고, 주왕紂王
은 충신인 비간比干을 죽였지. 죽은 두 사람은 수양하여 덕망이
있었으나, 신하의 처지에서 왕의 백성들을 어루만졌으니 신하로
서 왕을 거역한 셈이지. 두 사람은 명예 때문에 죽은 것이네. 옛
날에 요임금은 총기叢枝와 서오胥敖를 쳤고, 우임금은 유호有扈를
정벌했었네. 세 나라는 폐허가 되었고 왕들은 모두 죽었네. 그
왕들은 전쟁을 일삼으면서 끝없이 실리를 탐했네. 참형을 당한
관용봉과 비간은 명예를 구했고, 총기, 서오, 유호의 왕들은 실
리를 구했었네. 자네는 이런 말을 듣지 못했는가? 명예와 실리는
성인들도 감당치 못하는데 하물며 자네가 할 수 있겠는가.

「장자」 「인간세」

「인간세人間世」 편에 나오는 이야기다. 장자는 여기서 공자와 그의 제자
안회의 대화를 가장해 장자 자신의 생각을 전하고 있다. 어느 날 제자인
안회가 공자께 혼란스러운 정치를 바로 잡고자 위나라로 떠나겠다며 인
사를 드리러 온다. 평소 스승의 가르침대로 어지러운 나라에 들어가서 스
승에게 배운 바를 펼쳐 보이겠다는 것이다. 그러나 뜻밖에도 공자는 안회
에게 자기 자신을 보존할 능력이 없는 사람은 결국 남을 구제할 수 없다고
말하며 안회를 염려한다. 비록 안회가 명예를 구하지 않더라도 위나라 정

치가들에게 올바른 말을 한다면 그들에게 공격당할 것이 분명하다는 것이다.

이 구절은 공자가 안회를 걱정하며 해주는 조언의 일부다. 이 대목에서 공자는 명예를 구하다가 임금에게 죽임을 당한 충신들과 명예보다는 실리를 추구하다가 처참한 결과에 이른 이들을 모두 비판하며 성인조차도 명예나 실리를 구할 수 없다고 말한다. 이 구절에서 명은 올바른 일을 행한다는 명분이나 혹은 그로 얻은 명예를 의미하고 실은 실리 혹은 실속을 의미한다. 전쟁에서 얻는 재물이나 땅을 위해 전쟁을 일삼았던 왕들은 훌륭한 사람이라거나 좋은 나라라는 명분, 명예 대신 '실리'를 추구한 셈이다.

장자는 결과적으로 명예도 실리도 사람을 구제할 수는 없다고 생각한다. 성인조차도 명예나 실리를 모두 추구하거나 균형 있게 획득할 수 없다는 것이다. 장자는 명예나 실리 어느 한쪽을 추구하면 반드시 다툼과 폭력이 생기게 된다고 생각한다. 위나라 백성을 위해 자신을 희생하고자 했던 안회에게 공자가 요구하는 것은 훌륭한 정치가라는 명예도, 실질적인 이익도 아니다. 명예와 실리에도 흔들리지 않는 마음의 안정성, 편견에 휘둘리지 않고 만물과 소통하며 마음을 고요히 안정시키는 일이었다. 장자는 명과 실 어느 한쪽이 아니라 양자를 모두 떠나 스스로를 안정시키고 그 안정 속에서 만물과 소통하는 능력을 더욱 중시한 것이다.

말은 바람이 일으킨 물결과 같고 행동에는 득실이 있다. 바람이 일으킨 물결은 쉽게 움직이고 득실은 쉽게 위태로워진다. 그 때문에 분노가 일어나는 것은 다른 이유가 아니라 교묘한 말과 치우친 말 때문이다.

「장자」「인간세」

사신으로 강대국인 제나라에 가게 된 섭공자고葉公子高라는 인물이 공자에게 제후의 마음을 움직이기가 어렵다며 하소연하는 「인간세」 편의 한 대목이다. 섭공자고의 걱정에 대해 공자는 사람이 주어진 천명과 사회적 도리인 의리를 떠날 수 없다고 말한다. 그러니 스스로 자기 마음을 섬기면서 감정에 흔들리지 말아야 하며 사람의 힘으로는 어쩔 수 없는 것이 있음을 알고 마음 편히 운명을 따라야 한다고 말한다. 주어진 일에 최선을 다한다면 삶도 죽음도 따질 필요가 없다는 것이다. 이 대목에서 실은 득과 같은 의미로 사용되었다.

아무 흔적이 없는 말이 사람을 쉽게 움직이고 행위로부터 생긴 득실이 쉽게 마음을 위태롭게 한다. 이에 대한 공자의 처방은 "사물의 자연스러움을 타고 마음을 자유롭게 하고 어쩔 수 없음에 맡겨서 마음을 기르는 것乘物以遊心, 託不得已, 以養中"이다. 이렇게 할 수 있는 사람이라면 말의 풍파에 흔들리지도, 행위의 득실에 위태로워지지도 않을 것이다. 외적인 상황에 휘둘리지 않고 자기 삶의 중심에서 변화에 응하는 안정된 삶을 추구했던 장자의 도가적 철학을 잘 보여주는 문장 중 하나다.

실實, 세계를 만들다

안회가 공자에게 물었다. "맹손씨는 그 어머니가 죽었을 때 곡을 하면서도 눈물을 흘리지 않았고, 마음속으로 슬퍼하지도 않았습니다. 또한 상중임에도 서러워하는 빛이 보이지 않았습니다. 이 세 가지가 없는데도 상을 잘 치렀다고 노나라에 소문이 퍼졌습니다. 본디 실상이 없는데도 그 이름이 드러난 사람입니까? 저는 그것이 이상합니다." 공자가 대답했다. "저 맹손씨는 자기의 할 바를 다 했을 뿐만 아니라, 예를 아는 이들보다 더 앞섰다. 세상 사람들은 그 일을 간소히 하려 해도 할 수가 없는데, 그는 간소하게 치른 것이다. 맹손씨는 삶의 이유를 알고자 하지 않으며, 죽음의 이유도 알고자 하지 않는다. 삶과 죽음의 어느 쪽도 마음에 두지 않았으니 자연의 섭리에 좇아 알지 못할 변화를 기다릴 따름이다."

『장자』「대종사」

「대종사大宗師」편의 한 대목이다. 어느 날 제자인 안회가 공자께 어머니의 죽음을 슬퍼하지도, 안타까워하지도 않았음에도 맹손이라는 인물이 상을 잘 치렀다고 소문이 난 일의 경위에 대해 묻고 있다. 안회의 입장에서 맹손씨는 실질을 갖추지 못했는데도 이름이 난 사람으로 보였다. 공자는 늘 상에서 중요한 것은 형식 뿐 아니라 마음가짐이라고 가르쳤기 때문에 안회의 입장에서는 마음이 드러나지 않은 맹손씨의 처사에 대한 공자의 평가가 궁금했을 것이다. 그러나 이 대목에서 장자의 입장을 대변하는 공자는 삶과 죽음 중 어느 쪽에도 마음을 두지 않는다면 슬퍼할 일도 서러워할 일도 아니며 담담히 주어진 변화에 따를 수 있다고 답한다. 장자의 관점에서 맹손씨는 명이 실을 뛰어넘은 사람이 아니라 명과 실 자체를 초월한 사람에 가깝다.

【등석 1】 원문 21

> 이름에 따라 실질을 따지는 것은 임금의 일이며 법을 받들어 명령을 선포하는 일은 신하의 직무다.
>
> 『등석자』「무후」

전국시대 제자백가 중 하나인 명가名家의 대표적인 변자 중 한 사람인 등석鄧析의 저술로 알려진 『등석자』「무후無厚」 편에서 뽑은 구절이다. 등석은 춘추시대 말엽에 정나라에서 태어난 인물로 공자와 마찬가지로 정명을 주장하며 명과 실에 관해 논변을 남겼으며 명가가 아니라 '법가法家'로 분류되기도 한다. 다만 현재 통용되는 그의 저술 『등석자』는 원본이 아니라 후대에 수습된 위작으로 평가된다.

이 구절은 올바른 정치가 실현되려면 각 대상에게 부여되어 있는 이름을 기준으로 그에 따라 그 대상에게 기대되는 실제 혹은 실질을 판별하여

실實, 세계를 만들다

상벌을 줘야 한다는 입장으로 법가인 한비자의 관점과도 유사하다. 등석은 이름에 부여된 규범과 규준들을 기준으로 그 실제를 판별해서 그에 따라 공정하게 일을 처리하는 것을 국가 운영의 토대로 본다는 점에서 명과 실의 문제를 법가적 관점에서 논하고 있다.

【등석 2】 원문 22

이름에 따라 실질을 따지고 법을 살펴 왕의 위엄을 세우는 이가 현명한 왕이다. 형세에 밝은 자를 분별하여 자신의 직분을 넘어서지 않아야 하고 행동을 잘 살피는 자를 등용하여 실수가 없으면 백성에게 이롭다. 그러므로 명석한 군주가 하나를 살피면 만물이 스스로 온전한 자리를 얻게 된다. 명성이 있는 자는 외적인 일에 힘쓰지 않고 지혜로운 자는 다른 일에 종사하지 않으니 이를 스스로에게서 구하는 것이라고 이른다.

「등석자」「무후」

이 구절 역시 「무후」 편에 나오는 것으로, 현명한 왕의 조건에 대해 설명하는 부분이다. 현명한 왕이 될 수 있으려면 무엇보다 개별적인 명칭에 부여된 각각의 실질을 객관적으로 살피고 따져서 시비를 판별하고 상벌을 줄 수 있어야 한다. 상 줄 이에게 상을 내리고, 벌 줄 이에게 벌을 내리지 못하는 것은 이름과 실질의 관계를 제대로 파악하지 못했기 때문이

다. 등석은 정치가 어지러워지고 사회가 혼란스러워지는 근본적 원인이 명과 실의 관계를 올바로 파악하게 정확히 시비를 판별하지 못하는 것이라고 생각한다.

이 맥락에서 실은 시비 판단을 할 수 있는 실질적인 내용이자 명을 판별하는 객관적인 기준의 역할을 한다. 이름을 기준으로 실질을 살피는 일은 근본적으로 법의 테두리를 넘지 않도록 한다는 말이고 현명한 왕은 이러한 과정을 온전히 수행할 수 있는 존재다. 등석에게 명과 실은 근본적으로 올바른 정치의 실현을 위한 근본적인 토대로, 특히 이름과 실질을 맞추는 일은 왕에게 요구되는 강력한 통치행위라고 할 수 있다.

【등석 3】 원문 23

> 치세에 직위는 본래의 위상을 벗어나지 않았고 직무 역시 혼란스럽지 않다. 모든 관리는 각각 맡은 업무에 힘썼으니 윗사람은 이름을 살펴 실질을 감독했으며 아랫사람은 윗사람의 가르침을 받들어 어기지 않았다.
>
> 「등석자」「무후」

「무후」편의 구절이다. 직분 역시 하나의 이름이므로, 그에 맞는 실질을 구하고 그에 따라 판정한다면 모든 직분이 각자 자기 자리를 얻게 될 것이다. 등석에게 명과 실은 올바른 통치를 위한 법적 효과를 갖는다고 볼 수 있다. 등석에게 명과 실의 문제는 결과적으로 이름에 따라 실질을 감독하여 이름에 기대되는 실질을 올바르게 평가하는 정치적 기준이었다고 할수 있다. 특히 합당한 상과 벌을 내리는 일은 통치의 효율성을 높이는 데중요한 역할을 한다. 등석의 관심은 논리적이거나 언어적인 명실론이 아니라 정치적 제안으로서의 명실의 일치에 있었던 것이다.

【공손룡 1】 원문 24

하늘과 땅 그리고 그것이 생산한 것들을 물物이라고 한다. 사물로 그 사물이 있는 곳을 채우고 그것을 넘어서지 않는 것이 실實이다. 실로 그 채워진 곳을 채우고 텅 비지 않은 것이 위位다. 본래의 위치를 넘어서는 것은 자기 위치가 아닌 것非位이고 위치 지워진 바에 위치하는 것이 바름正이다.

『공손룡자』, 「명실론」

공손룡公孫龍은 전국시대 제자백가 중 명가를 대표하는 학자로, 이 구절을 비롯해 뒤에 이어지는 구절들은 모두 공손룡의 사상을 담고 있는 『공손룡자』 여섯 편 가운데 하나인 「명실론名實論」의 전문이다. 「백마론」이나 「견백론」 등 『공손룡자』의 다른 부분도 그렇지만 「명실론」 역시 상당히 난해한 구절로, 관점에 따라 다르게 해석될 수 있어 여전히 학자들 사이에 논쟁이 일어나는 부분이다.

2장 원전으로 읽는 실實

이름과 언어의 논리적 문제를 탐구하던 명가로서 공손룡은 이름과 명분이 그 실질에 합치할 때 천하가 바르게 될 수 있다고 믿었다. 공손룡은 객관적으로 존재하는 모든 객관적 대상들을 '물'이라고 부르고 이 대상의 실질을 '실'이라고 부른다. 붓이라는 물체의 실은 먹물을 묻히고 칠할 수 있게 만들어주는 털뭉치와 손잡이라고 할 수 있다. 붓이 붓으로서 제 역할을 하는 상태를 위位라고 부른다. 만약 붓이 글을 쓰는 데 이용되는 것이 아니라 먼지를 터는 데 이용된다면 이는 올바른 위치에 있는 것이 아니다. 이처럼 어떤 대상의 실질이 제 역할과 구실을 하고 있다면 이를 바른正 상태라고 한다.

【공손룡 2】 원문 25

바른 것으로 바르지 않은 것을 바로 잡는다. 이는 이미 정해져 있는 바름을 의심하는 것이다. 바름이라는 것은 그 실질이 바르게 하는 것이요, 그 실질을 바르게 하는 것은 그 이름을 바르게 하는 것이다. 그 이름이 바르게 되면 이것과 저것이 제자리에 한정된다. 저것이 가리키는 것이 저것에 한정되지 않으면 저것이 이르는 바는 행해지지 않는다. 이것이 가리키는 것이 이것에 한정되지 않으면 이것이 이르는 바는 행해지지 않는다. 그것은 마땅한 것이 마땅하지 않게 되었기 때문이니 마땅하지 않은데 마땅하게 여기면 혼란이 일어난다. 저것을 저것이라고 여기는 것이 저것에 해당되면 저것에 한정되어 저것이라고 부를 수 있게 된

다. 이것을 이것이라고 여기는 것이 이것에 해당되면 이것에 한
정되어 이것이라고 부를 수 있게 된다. 마땅함으로써 마땅하게
한 것이니 마땅함으로 마땅하게 된 것이 바른 것이다. 따라서 저
것이 저것에 그치고 이것이 이것에 그치는 것은 괜찮다. 그러나
저것과 이것에서 저것 또한 이것이라고 여기고 저것과 이것에서
이것 또한 저것이라고 여겨서는 안 된다.

『공손룡자』「명실론」

바름이란 결국 대상에 기대되는 실질을 제대로 구현하는 것이고 이렇
게 대상의 실질이 온전히 구현되어 있을 때 그 대상의 이름 역시 바르게
된다. 공손룡은 대상의 실질이 올바른 자리位를 얻어 바르게正 되었을 때
이름 역시 바르게 되며 이름이 바름을 얻어 하나의 이름에 하나의 실질이
갖추어져 있을 때 사회적인 혼란이 사라질 것이라고 생각한다. 붓이라는
이름은 붓에 기대되는 실질이 붓에 맞는 위치에서 제대로 구현될 때 올바
른 이름으로 기능할 수 있고 종이라는 이름 역시 종이에 기대되는 실질이
종이가 있어야 할 위치에서 제대로 실현될 때 올바른 이름으로 통용될 수
있다는 것이다.

그러나 붓에 종이라는 이름도 함께 사용되고 종이에 붓이라는 이름도
함께 통용될 수 있다면 이는 혼란을 부를 뿐이다. 마땅함이란 하나의 대
상이 그에 맞는 실질과 또 그 실질에 적합한 이름을 가지고 기능할 때 얻
어지는 것이다. 그러나 만약 더 이상 붓이 글을 쓰는 데 사용되지 않는다

2장 원전으로 읽는 실實

면 우리는 더 이상 그 물건을 붓이라고 부를 수 없다.

【공손룡 3】 원문 26

무릇 이름이란 실을 가리키는 것이다. 이것이 이것이 아님을 알고 이것이 여기에 있지 않음을 알면 더 이상 이것이라고 부르지 않는다. 저것이 저것이 아님을 알고 저것이 저것에 있지 않음을 알면 더 이상 저것이라고 부르지 않는다. 지극하구나, 옛날의 현명한 왕이여. 명과 실을 살펴서 그것이 가리키는 바를 지극히 했다. 옛날의 현명한 왕이여.

「공손룡자」「명실론」

공손룡은 명과 실의 관계를 조정해서 이것의 실질에 이것의 이름을 붙이고, 저것의 실질에 저것의 이름을 붙이는 행위를 현명한 왕의 우선적 책무라고 주장한다. 이름과 실질을 통합하고 조정하여 일치시키는 노력을 통해 사회적 혼란을 줄이고 제도를 온전히 운용할 수 있기 때문이다. 공손룡의 주장은 사회적 분화가 빠르게 이루어지고 있던 춘추전국시대의 사회상을 보여준다.

공손룡을 비롯해 제자백가들이 활동하던 전국시대 말기는 사회 제도가 복잡해지고 기물이 늘어나며 사람들의 욕구가 다양화되는 분화와 다양성의 시대였다. 당연히 전통적인 이름의 효과는 약해지고 이름과 실질이 맞지 않는 경우가 늘어갔을 것이다. 공손룡은 언어를 논리적으로 분석하고 세분화함으로써 언어 사용의 오해를 줄일뿐더러 언어가 하나의 사회적 기준으로 실질을 확보할 것을 요구한다. 그러나 실제 공손룡의 논리적 시도들은 이후 일종의 궤변으로 치부되며 학술적으로 크게 환영받지 못했다.

【열자 1】 원문 27

송나라에 원숭이를 기르는 사람狙公이 있었는데 원숭이를 사랑하여, 기르고 있던 원숭이가 무리를 이루었다. 그는 원숭이들의 뜻을 이해할 수 있었고 원숭이 역시 저공의 마음을 알 수 있었다. 그는 집안 식구들의 양식을 덜어 원숭이들의 욕망을 채워주고 있었는데 얼마 못 가서 궁핍하게 되었다. 원숭이들의 먹이를 제한하려 했으나 여러 원숭이가 자기를 따르지 않게 될까 두려워하여 먼저 그들을 속여 말했다. "너희들에게 주는 먹이를 아침에 세 개 저녁에 네 개를 주면 만족하겠느냐?" 여러 원숭이가 모두 일어서서 화를 냈다. 조금 있다가 말했다. "너희들에게 주는 먹이를 아침에 네 개 저녁에 세 개로 하면 만족하겠느냐?" 여러 원숭이가 모두 따르며 기뻐했다. 만물 중에 능력 있는 자가 비루한 자들을 농락하는 것이 모두 이와 같다. 성인은 지혜로 여러 어리석은 이들을 농락하는데 이는 또한 저공이 지혜로 원숭이들을 농락하는 것과 같은 것이다. 이름과 실질을 모두 무너뜨리지 않고도 그들을 기쁘게도 하고 노엽게도 할 수 있는 것이다.

『열자』「황제」

잘 알려진 조삼모사 이야기로 저공이 원숭이들을 농락하는 것이 결국 성인이 지혜로 사람들을 조종하는 것과 같다고 비판하는 내용이다. 앞에서 보았듯 『장자』「제물론」에도 같은 이야기가 실려 있지만 『열자』「황제黃帝」편에 실려 있는 이 문장과는 주제가 다르다. 「제물론」의 이야기가 실질은 차이가 없는데도 이름이나 명분을 두고 다투는 이들의 어리석음을 풍자하기 위한 것이라면 『열자』의 주제는 언어나 명분을 교묘히 조종해 실질을 가리는 성인을 비꼬는 것이다. 열자는 성인 즉 위정자들이 교묘한 지혜로 결국 명분과 실질의 차이를 가림으로써 어리석은 이들을 통제하고 조종하는 상황을 비판하고 있다.

【열자 2】 원문 28

육자鬻子가 말했다. "명성을 버린 사람은 근심이 없다." 노자가 말했다. "명성이란 실질의 손님에 불과하다. 그런데도 세상의 많은 사람은 끊임없이 명성을 추구한다." 명성이란 진실로 버릴 수 없는 것인가? 명성이란 손님이 될 수 없는가? 지금 명성이 있으면 존귀하고 영화를 누리지만 명성이 없으면 비천하고 욕되다. 존귀하고 영화를 누리면 곧 편안하고 즐거우며, 비천하고 욕되

면 근심하고 괴로움을 겪게 된다. 근심하고 괴로운 것은 본성에 어긋나는 것이다. 편안하고 즐거운 것은 본성을 따르는 것으로 실질을 얻는가에 달려 있다. 명성을 어찌 버릴 수 있겠으며, 명성이 어찌 손님이 될 수 있겠는가? 다만 명성을 지키려다 실질에 누가 되는 것을 미워할 뿐이다. 명성을 지키려다 실질에 누가 된다면 위태롭게 되어 망한다 하더라도 그를 구해줄 수 없을 것이니 어찌 오직 편안하고 즐거운 것과 근심하고 괴로움을 당하는 일에서만 그러하겠는가.

「열자」 「양주」

「양주楊朱」 편에 실려 있는 문장이다. 육자는 초나라 출신으로 주나라 문왕 시절에 활동했던 도가 계열의 학자다. 이 구절은 육자와 노자 등 앞선 도가 철학자들의 말을 빌어 명성과 실질의 관계에 대해서 논하고 있다. 육자나 노자 모두 명성에 얽매여서는 안 된다는 입장이지만 열자는 보다 현실적으로 명성을 잃으면 고통스럽고 치욕을 받기 쉽기 때문에 이를 버릴 수 없다는 중립적인 입장을 취한다. 특히 편안하고 즐거운 것은 본성을 따르는 것으로, 반드시 이름에 맞는 실질을 얻었을 때만 이러한 상태가 될 수 있기 때문에 이름과 실질을 맞추는 것, 명성에 걸맞은 실질을 유지하는 것이 바람직하다는 것이다.

다만 명성을 지키기 위해 실질을 손상시켜서는 안 된다. 명성을 얻고 유지하는 것이 편안하고 안락한 삶의 토대이지만 명성을 위해 실질을 손상시킨다면 구제할 방법이 없기 때문이다. 이 대목은 명보다 실을 중시하는 일반적인 도가의 발상과는 조금 차이를 보인다. 그러나 삶의 안정을 위해서 명도 얻고 실질도 유지하는 방법을 제안하고 있다는 점에서 도가적 양생에 대해 논한 구절로 볼 수 있을 것이다.

【열자 3】 원문 29

동쪽에 원정목爰旌目이라는 이름의 사람이 있었다. 어떤 곳을 지나가고 있었는데 굶주린 상태로 길 위에 쓰러져 있었다. 이때 호보狐父의 구丘라는 도둑이 그를 보고 한 그릇의 죽을 내어주어 먹도록 했다. 원정목은 세 모금 먹은 뒤에 볼 수 있게 되었다. "당신은 무엇을 하시는 분입니까?" "나는 호보 사람으로 이름은 구입니다." 원정목이 말했다. "오호! 당신은 도둑이 아니오? 어째서 나에게 음식을 먹인 것이오? 나는 의로운 사람이니 도둑인 당신의 음식은 먹지 않겠소." 그러고는 손을 땅에 짚고 먹은 것을 토했다. 먹은 것이 나오지 않자 꽥꽥거리다가 마침내 엎어져 죽어버렸다. 호보 사람은 도둑이지만 그의 음식은 훔친 것이 아니다. 사람이 도둑이라 하여 그의 음식도 훔친 것이라 생각하고 먹지 않은 것은 명분과 실질을 분간하지 못했기 때문이다.

『열자』「설부」

「설부說符」편의 한 구절로 명분에 얽매여 실질을 보지 못한 어리석은 사람의 이야기다. 이 일화를 통해 저자는 명분에 집착하고 얽매이느라 실질을 간과하거나 소홀히 하는 어리석음에 대해 비판하고 있다. 원정목은 도둑이라는 이름, 자신은 의로운 사람이라는 명분에 집착했기 때문에 굶주림이라는 실질적인 상황을 간과했으며 그 결과 어리석게도 음식을 토하고 죽어버렸다. 명분에 집착해 가장 절실한 실질인 생명을 잃은 것이다. 이는 명분과 실질의 올바른 관계 또는 상황에 따라 무엇을 우선해야 하는지에 대해 올바르게 판단하지 못한 결과라고 할 수 있다.

【묵가 1】 원문 30

> 오늘날 천하 사람들이 한결같이 의義라고 여기는 것은 성왕의 법이다. 지금 제후들은 (의를 내세우면서도 실제로는) 오히려 정벌과 겸병을 한다. 이것은 의를 높인다는 이름을 내세우는 것일 뿐이며 그 실질은 살피지 못하는 것이다. 비유하자면 장님이 비록 다른 사람처럼 흑백의 이름을 말할 수 있다 하더라도 그러한 사물을 분별하지는 못하는 것과 같다.
>
> 『묵자』「비공 하」

「비공非攻 하」에 등장하는 문장이다. 실제로 사회를 이끌어 나가던 이념이나 가치들이 명칭만 남은 상태에서 정치가 어떻게 되었는지를 보여주는 대목이다. 묵자는 당시의 제후들이 의라는 명분만을 내세울 뿐 실제로는 정벌과 겸병으로 백성을 괴롭히는 점을 비판하며 실질이 없는 이름의 한계를 지적하고 있다. 의를 앞세우면서 실제로는 사리사욕을 채우는 제후들은 의의 개념만 알 뿐 실질을 채우지 못한다는 점에서 한계가 있다. 이 대목에서 묵자는 뒤에 보이는 논리적, 언어적 관심과 달리 일반적인 명과 실의 의미를 사용해 제후들의 잘못된 정치를 비판하고 있다.

【묵가 2】 원문 31

> 명칭과 실제가 있은 이후에야 그 대상을 일컬을 수 있게 된다. 명칭과 실제가 없다면 일컬을 수 없다.
>
> 『묵자』「경설 하」

별도로 『묵경墨經』이라고도 불리는 「경설經說 하」의 문장이다. 문장에서는 문文이라고 표기되어 있지만 실제로는 명名을 의미한다고 봐야 한다. 대상을 지칭하고 이를 통해 소통하려면 대상의 이름과 그 이름에 담길 실질이 모두 있어야 한다. 후기 묵가들은 인간의 언어활동의 가장 기본적인 토대가 명칭과 실질이라고 생각한다. 양자가 갖추어지고 서로 맞아야 기본적인 언어적 소통이 가능하다. 묵가들은 유가처럼 명에 실을 맞추고자 하지 않았으며 도가처럼 명보다 실을 더 중시하지 않았다. 이들에게 명과 실은 단순히 명분이나 사회적 제도가 아니라 언어적 소통의 기본이 되는 이

실實, 세계를 만들다

름과 그 이름이 지시하는 구체적 대상이었다. 이들은 이 두 가지가 안정적
으로 하나의 쌍으로 맺어질 때 의사소통의 실패가 줄어들 것이라고 보았
다. 이들은 언어와 실제를 통해 사회적인 의사소통을 안정시키고 사회적
혼란을 줄이고자 했던 것이다.

> 실은 피어난 꽃처럼 밖으로 드러난 것이다. 실은 의지와 기운이
> 드러나서 다른 사람들에게 자기를 알게 하는 것으로, 경쇠 소리
> 나 의복처럼 자신을 드러내는 것이다.
>
> 「묵자」 「경 상」 「경설 상」

앞 문장은 「경經 상」에 나오고 뒤의 문장은 「경설經說 상」에 나오는 것으
로 각각 명제와 그에 대한 해설이라고 할 수 있다. 『묵경』은 난해한 문장이
주를 이루어서 명확한 해석이 어렵다. 일반적으로 「경」과 「경설」은 명제와
그에 대한 해설로 볼 수 있기 때문에 양자를 함께 읽는 편이 의미를 파악
하기 쉽다. 이 구절에서 실은 안에 있던 것이 밖으로 드러난 상태를 의미한
다. 다시 말해 어떤 대상의 내용이나 실질이 가득 차서 그것이 밖으로 드
러난 상태를 가리키는 것이다. 의지와 기운을 드러냄으로써 자기를 알게
한다는 것으로 본다면 실은 타인과 소통하기 위한 표현이라고 볼 수도 있
을 것이다. 비어 있지 않고 가득 차 있어야 밖으로 드러나서 그 뜻과 기운

을 다른 사람들이 이해할 수 있는 것과 마찬가지다. 마지막 구절에서 실이 밖으로 드러난 것이라는 해석을 일관되게 적용하려면 뒤 구절의 불不은 필必로 읽는 것이 맞을 것이다.

【묵가 4】 원문 33

거란 이름을 가지고 실을 헤아려보는 것이다. 사물의 이름을 알려주어서 그것의 실을 헤아리게 하는 것이다.

「묵자」「경 상」「경설 상」

앞 문장과 마찬가지로 각각 「경經 상」과 「경설經說 상」의 문장이다. 이 구절에서 '거擧'란 이름을 말해주고 그에 따른 실질을 헤아리게 하는 것 다시 말해 이름과 실질을 근거로 말하는 행위다. 거란 그 실을 헤아릴 수 있는 이름을 알려주는 것이다. 예를 들어 헤아릴 실질이 없는 이름은 거가 될 수 없다. 구체적인 것으로 예를 드는 상황을 의미하는지도 모른다. 거란 이름과 실제를 맞추는 방법 가운데 하나다. 실제의 사물을 예로 들어 이름과 실질을 맞춘다면 이름과 실질은 객관적이고 실증적인 관계로 이어질 것이다. 이름과 실질에 대한 묵가의 기본적인 태도를 알 수 있는 대목이다.

실實, 세계를 만들다

앎에는 문지聞知, 설지說知, 친지親知, 명지名知, 실지實知, 합지合知, 위지爲知가 있다. 전해 받은 것이 문지이고 함축된 것이 드러나는 것이 설지이며 직접 관찰해서 아는 것이 친지이고 일컫는 근거를 통해 아는 것이 명지이며 일컬어지는 구체적인 것으로 아는 것이 실지이고 명과 실을 합해 아는 것이 합지이며 의지와 행위를 통해 아는 것이 위지다.

『묵자』「경 상」「경설 상」

이 문장 역시 출처가 같다. 여기서는 주로 앎의 여러 종류에 대해 논하고 있다. 이 가운데 특히 명지는 논리적 근거를 통해 앎을 얻게 된 경우 다시 말해 일종의 개념을 통해 앎에 이른 경우를 말하고 실지란 구체적으로 가리키는 대상을 통해 아는 것을 말한다. 결과적으로 합지란 추상적인 개념과 구체적인 실질을 함께 아는 것이 된다. 명과 실이 합쳐진 합지가 개념과 실제에 대한 통합적 앎이라면 위지는 마음의 지향과 실천을 통합해서 얻게 된 앎을 의미한다고 할 수 있다. 앎의 종류를 세분화해서 각각의 명칭을 붙이는 것은 이들이 인간의 인식과 그 인식의 사회적 소통에 대해 관심이 많았기 때문이다. 후기 묵가들은 인식과 언어를 분류하고 체계화함으로써 사회적인 의사소통을 합리화하고자 했다. 객관적으로 분류된 합리적 앎을 통해 소통한다면 그만큼 사회적인 의사소통 역시 안정될 수 있다. 이것이 후기 묵가들이 기대한 바였을 것이다.

여러 성인이 먼저 행한 바는 사람들이 명과 실을 본받게 하는 것
이었다. 그러나 이름과 실제는 반드시 합치하지 않는다. 만약 이
돌이 희다면 이 돌을 깨뜨려서 이 돌에서 취하는 것은 모두 흰
것과 같다. 그러나 이 돌이 비록 크다 해도 돌을 깨뜨리면 그것
이 모두 큼과 같지 않으니 이것은 그렇게 말하도록 하는 것이 있
기 때문이다. 형체와 모습으로 명명하는 것은 반드시 그것이 무
엇임을 알아야 그것이 무엇임을 알 수 있다. 형체와 모습으로 명
명하지 않는 것은 비록 그 대상이 무엇인지 알 수 없다 해도 그것
이 무엇인지 알 수 있다. 머무르고 움직이는 것으로 명명하는 것
은 진실로 그 가운데 들어가는 것이면 이것이 되지만 그것을 떠
나면 이 때문에 더 이상 이것이 아니게 된다. 머무르고 움직이는
것으로 명명하는 것은 향리鄕里, 제나라齊, 초나라荊 등이 모두
그러한 것들이다. 형체와 모습으로 명명하는 것은 산山, 언덕丘,
집室, 사당廟 등이 모두 그러한 것들이다.

「묵자」「대취」

「대취大取」 편에 나오는 구절이다. 이 구절에서 명과 실은 성인의 정치적

행위의 토대로 제시되어 있다. 성인은 사람들로 하여금 명과 실을 본받아 받아들이게 해야 한다. 그래야 정치가 안정적으로 실현될 수 있기 때문이다. 문제는 명과 실이 반드시 일치하는 것은 아니라는 데 있다. 예를 들어 흰 돌의 경우 이를 깨뜨려도 조각난 부분 역시 흰 색이라 '흰돌'이라는 명칭과 실제가 합치된다. 그러나 '큰 돌'을 깨뜨리면 그 개별적 조각은 더 이상 크지 않아서 깨진 부분에는 '큰 돌'이라는 명칭을 붙일 수 없다. 명과 실은 이처럼 여러 조건과 상황에서 변화하는 것이기 때문에 이를 살피지 않으면 안 된다. 다양한 명칭이 나오게 된 것 역시 개념과 실제를 맞추기 위한 과정이라고 할 수 있다. 결과적으로 명과 실을 온전히 일치시키는 노력과 개별적인 차이와 변화를 이해하는 능력이 요구된다. 이 구절에서 흥미로운 것은 이름을 붙이는 방식에 대한 분류다. 어떤 것은 겉으로 드러난 형체나 모습에 따라 이름을 붙인다. 예를 들어 산이나 언덕처럼 모습에 따라 명명한 것들은 실제 그것들을 보고 알아야 그 이름을 확실히 사용할 수 있다.

그러나 가변적이고 유동적인 것들은 상황에 따라서 명칭이 바뀌게 된다. 학교 다닐 때는 학생이지만 학교에 다니지 않는다면 더 이상 학생이라고 부를 수 없는 경우처럼 상황에 따라 명칭이 합당할 때가 있고 그렇지 않는 경우가 있는 것이다. 형체를 통해 아는 앎은 경험적 인식이 중요할 것이고 유동적이고 가변적인 앎은 상황에 따른 판단이 중요할 것이다. 이 대목에서 후기 묵가들이 명칭이 생기는 근거를 분류함으로써 타당하고 합당한 언어와 인식을 추구했음을 알 수 있다.

2장 원전으로 읽는 실實

무릇 법술을 하는 자가 신하로 임명되면 법술로 나라를 다스리는 방법이 효력을 발휘하게 된다. 위로는 군주의 법을 밝히고 아래로는 간신을 억누르니 군주는 존귀해지고 나라는 안정된다. 이것이 앞에서 법술에 관한 시책이 효과를 얻으면 뒤에서 상벌이 제대로 실행되는 이유다. 군주가 성인의 법술에 밝아 세속의 견해에 얽매이지 않는다면 명과 실에 따라 시비가 결정될 것이고, 실제의 증거를 참고해 신하들의 언사를 살필 수 있다.

『한비자』 「간겁시신」

전국시대를 주도했던 제자백가 가운데 중요한 학파 중 하나인 법가의 핵심 인물 한비자의 글을 모은 『한비자』 가운데 「간겁시신姦劫弑臣」 편에 나오는 구절이다. 한韓나라 출신 귀족이었던 한비자는 강력한 군주를 중심으로 한 통치의 전범을 만든 인물로 평가받는다. 그는 또 다른 법가 이사李斯와 함께 순자의 문하에서 배웠지만 유가적 이념을 전승하는 데 머물지 않고 보다 강력한 국가 운영의 기틀을 만들고자 법을 토대로 국가를 다스리는 통치술을 정리했다.

한비자가 생각하는 법치의 핵심은 국가에 의한 강력한 구속과 통제라고 할 수 있다. 내적인 동의를 바탕으로 한 도덕성으로 나라를 통치해야 한다고 주장하는 유가와 달리 한비자는 강력한 군주에 의한 통치를 통해 사회적 불안을 해소하고자 했다. 특히 한비자는 통치의 방법으로서 명과 실의 일치를 강조한다. 명과 실이 안정되면 그 효과는 옳고 그름을 명확하게 판별하는 것이다. 옳고 그름에 대한 분명한 판정이 가능하다면 신하들의 고과 역시 분명하게 살피고 알맞게 상벌을 줄 수 있을 것이다. 그것이 법을 밝히고 간신을 누르는 실질적인 방법이다.

【 한비자 2 】 원문 37

나라의 안위는 시비를 가리는 기준에 달려 있지, 국력의 강약에
달려 있지 않다. 나라의 존망은 권력의 허실에 달려 있지, 병력
의 다소에 달려 있지 않다. 제나라는 만승의 대국이었으나 명과
실이 일치하지 않았다. 군주가 헛되이 허울뿐인 보위를 지키며
이름에 걸맞은 실질을 충족시키지 못하자 마침내 권신이 보위를
찬탈한 것이다. 하나라의 걸은 천자였지만 시비의 기준이 없었
다. 공이 없는 자에게도 상을 주고, 남을 헐뜯고 아첨하는 자로
하여금 거짓과 속임수로 높은 자리를 얻도록 했다.

『한비자』「안위」

「안위安危」편에 나오는 이 구절의 핵심은 한비자가 국가의 존망을 강약이 아니라 명실의 일치, 더 나아가 그로부터 이루어지는 시비의 올바른 적용에 있다고 본 점이다. 한비자가 얼마나 명실과 시비를 강조했는지 알 수

있다. 한비자는 전국시대의 대국이었던 제나라의 패망 원인을 명과 실의 불일치에서 찾고 있다. 제나라가 이름과 명예만 앞세우고 그에 따른 실질을 실현하지 못했기 때문에 결과적으로 하극상을 초래했다는 것이다. 명실이 정해지지 않으면 시비도 바르지 않게 된다. 한비자는 하나라 역시 올바른 시비의 기준이 없었기 때문에 패망했다고 여긴다. 사실 실질적인 법의 명목과 그에 따른 실질이 갖추어졌을 때 법의 제정과 적용이 실효를 발휘할 것이라는 점에서 한비자는 일관되게 명과 실의 일치, 시비의 안정을 요구했던 것이다.

【한비자 3】 원문 38

군주는 천하가 힘을 합쳐 추대하는 까닭에 지위가 안정되고 많은 사람이 힘을 합쳐 지켜주는 까닭에 존중받는다. 신하가 자신의 장점을 인정받으면 능력을 다할 수 있기 때문에 충성한다. 존중받는 군주는 충성스러운 신하를 거느리면서 오랫동안 즐겁게 살며 공적과 명성을 이룬다. 명과 실이 서로 기대며 이루어지고 형체와 그림자가 서로 응하여 서는 것과 같다. 그러므로 군주와 신하는 바라는 바가 같으나 직분을 달리하는 존재다.

『한비자』「공명」

「공명功名」편에 나오는 이 구절에서 명과 실은 형체와 그림자처럼 분리

실實, 세계를 만들다

될 수 없는 상보적인 관계를 의미한다. 한비자는 신하가 일방적으로 군주의 명령을 수행하는 수동적인 역할에 머무는 것이 아니라 군주와 같은 목적으로 다른 위치에서 노력하는 존재라고 주장한다. 명과 실은 서로 기대어 함께 이루어지는 상보적인 관계에 있고 군주와 신하 역시 그러하다. 이 구절을 통해 한비자의 명실론이 논리적 관심보다는 정치적 관심에서 출발한다는 것을 알 수 있다.

군주가 말을 하고 표정으로 응하는 일은 깊이 살피지 않을 수 없다. 무릇 군주는 식견이 있더라도 말을 앞세우지 않아야 한다. 다른 사람이 주창하면 나는 화합하고 다른 이들이 앞서면 나는 따라간다. 신하들의 말을 받아들일 때 그 말의 명분을 정하고 명분에 따른 실질을 취함으로써 명분을 따져 묻는다면 말하는 자들이 감히 망령되이 말할 수 없을 것이고 군주는 통치의 요체를 장악할 수 있을 것이다.

『여씨춘추』「심응람」

『여씨춘추』는 전국시대 말기의 큰 상인이자 진나라의 재상이었던 여불위呂不韋가 3000여 명의 논객을 모아 편집한 책으로, 도가적 사유를 기반으로 유가, 법가, 농가農家, 묵가 등 다양한 당대의 지식과 학설을 모아 종합한 일종의 백과전서다. '잡가雜家'로 분류되는 만큼 다양한 내용을 담고 있지만 도가 중에서도 주로 제왕의 통치철학을 연구하는 황로도가黃老道家적 성격이 강해 통치자를 위한 정치적 제안이 많이 등장한다. 「심응람審應覽」편에 보이는 이 구절은 군주가 권력의 요체를 확보하기 위해 해야 할 일을 제시하고 있는 부분으로, 신하의 말을 듣고 그것으로 명분을 삼아 일을 맡긴 후에 실제의 결과가 그가 말한 바와 명분에 일치하는가의 여부에 따라 상벌을 시행할 것을 제안하고 있다. 이 구절에서 명과 실은 명분과 그에 맞는 실질이라는 뜻으로, 특히 통치자의 정치적 기술로 묘사되고 있다. 여기서 명과 실의 관계를 상과 벌에 대응시키는 것은 이들이 정치적 상황에서 군주와 신하의 관계를 중요하게 생각했기 때문이다. 마땅한 사람에게 적절한 상이 주어지지 않고 부정한 사람에게 마땅한 벌이 행해지지 않으면 군주와 신하 사이의 신뢰가 깨지게 될 것이고 이는 결과적으로 정치적 혼란으로 이어질 것이기 때문이다.

【여씨춘추 2】 원문 40

대개 이름은 그 실질에 맞지 않는 경우가 많고 일은 그 운용에 합당하지 않은 경우가 많다. 그러므로 군주는 이름과 그에 따른 직분을 살피지 않을 수 없다. 이름과 그에 따른 직분을 살피지 않으면 악이 쌓여서 점차 막히게 된다. 악이 쌓여서 막히는 책임은 신하에 있지 않고 군주에 있다. 성왕인 요임금과 순임금의 신하는 홀로 의롭지 않았으며 탕임금과 우임금의 신하 역시 홀로

충성스럽지 않았지만 올바른 방도를 얻었고 폭군인 걸과 주의 신하들이 홀로 비루했던 것이 아니고 폭군인 유왕과 여왕의 신하 역시 홀로 편벽되었던 것은 아니었지만 올바른 이치를 잃었다. 지금 여기에 어떤 사람이 있는데 소를 구하면서 말이라고 이름하고 말을 구하면서 소라고 부른다면 구하는 바를 결코 얻지 못할 것이다. 그런데도 위세와 노함으로 따지니 관리들은 비난하고 원망하게 되고 소와 말의 구분은 반드시 어지럽게 될 것이다. 백관은 여러 관리를 말하고 만물이란 소와 말의 무리다. 이름을 바로잡지 않고 직분을 구분하지 않은 채 자주 형벌을 사용하면 이보다 더 큰 혼란이 없을 것이다. 지혜와 창통暢通에 대해 말하면서도 말의 내용은 과오와 미혹으로 채우고 고상함과 현명함을 높이면서도 행동은 비천함과 저질스러움으로 채우며 희고 깨끗한 것을 상찬하면서도 더러운 방법을 따르고 공적인 법에 맡기면서도 탐욕과 왜곡에 처하며 용감히 행한다고 하면서도 나약함과 겁으로 막는 이 다섯 가지는 모두 소를 말로 여기고 말을 소로 여기는 것과 마찬가지다. 그러므로 이름을 바로잡지 않으면 군주가 걱정이 많고 수고롭고 괴로우며 관직이 어지럽고 어그러진다. 나라가 망할 때 이름이 손상되는 것은 이러한 일로부터 비롯되는 것이다. 흰색은 도리어 검은 색이 되고 구하는 것을 더욱 얻을 수 없다는 것은 바로 이런 의미다. 그러므로 지극한 다스림을 위한 임무는 이름을 바로잡는 데 달려 있다.

「여씨춘추」「심분람」

「심분람審分覽」편의 이 구절은 긴 문장으로 구성되어 있지만 핵심은 명확하다. 통치의 성패가 정명 즉 이름을 바로잡는 일에 달려 있다는 것이다. 전국시대는 사회적 변화에 따라 새로운 명칭들이 생겨나면서 실제와 명칭이 부합하지 않는 경우가 늘어가던 분화의 시대였다. 『여씨춘추』의 이 구절은 공자의 정명 사상이 후대에 어떻게 계승되고 구체화되었는지를 보여준다. 공자에게 정명은 효율적 통치가 아니라 군주, 신하, 아버지, 자식이 자기 자리에서 도리를 다함으로써 사회를 안정시킨다는 의미에서 일종의 도덕 정치의 방법이었다. 그러나 이 구절에 등장하는 정명은 군주가 국가 조직의 이름을 명확히 제정하고 그 이름에 맞는 직분을 위임하는 것 다시 말해 신하로 하여금 국가 운영에 필요한 여러 직분에 적합하고 합당한 임무를 수행하게 함으로써 통치의 효율을 극대화하는 방법이라고 할 수 있다.

【성리학 1】 원문 41

'정명'이란 명과 실이 서로 따르는 것이니 한 가지 일이 구차해지면 곧 그 나머지도 모두 구차해진다.

「이정유서」

『논어』의 '정명'에 대한 송대 성리학자 정자程子의 해석이다. 정자는 명과 실을 서로에게 필수적으로 연결되어 있는 것으로 보면서 어느 한쪽이

실實, 세계를 만들다

무너지면 다른 한쪽도 무너질 수밖에 없다고 본다. 어느 한쪽이 다른 한쪽을 이끌거나 다른 한쪽에 비해 더 중요한 것이 아니라 모두 상호적으로 절실하고 진실해야 한다고 본다. 성리학의 관점에서 명과 실은 어느 한쪽도 폐기될 수 없는 긴장관계를 이루고 있다. 춘추전국시대 여러 학자가 명과 실 가운데 한쪽에 우위를 두거나 혹은 양자를 일치시키려는 시도를 통해 당시의 사회적 혼란을 안정시키고자 했다면 고대사회와는 달리 문화적·사상적으로 성숙되어 있던 송대 성리학자들은 명실의 문제 역시 다른 각도에서 접근한다. 이들에게 명과 실은 상호 긴장관계에 놓여 있을뿐더러 마치 형식과 내용처럼 분리될 수 없는 것이었다.

【성리학 2】 원문 42

충신忠信이란 사람의 관점에서 말한 것이니 요약하자면 진실한 이치實理다.

「이정유서」

성리학을 완성시킨 이정 형제나 주희에게 실리란 근원적인 이理의 실재성, 세계를 구성하고 이끄는 형이상학적 원리로서의 이理가 실재한다는 신념을 표현한 말이기도 하지만 동시에 그러한 이치가 일상생활의 맥락에서 실제로 실현되는 상태를 의미하기도 한다. 그런 의미에서 이 구절은 두 가지 방식으로 모두 해석될 수 있다. 진정한 이치는 하나인데 사람에게 나타

날 때는 충忠이나 신信과 같은 구체적인 실천으로 나타난다는 의미로 해석될 수도 있고, 충과 신이라는 구체적이고 실천적인 덕목이라야 비로소 진정한 이치라는 의미로 해석될 수도 있다.

【성리학 3】 원문 43

실리實理를 마음에 체득하면 시비선악이 저절로 분명해진다. 실리란 옳은 것은 옳게, 그른 것은 그른 것으로 절실하게 직시함이다. 옛사람 가운데 몸을 던져 목숨을 바친 사람이 있었다. 절실하게 직시하지 않았다면, 어찌 그럴 수 있었겠는가? 삶이 의로움보다 중하지 않음을 절실히 직시해야, 삶이 죽음보다 편치 않게 느껴진다. 따라서 살신성인하는 사람은 오직 '옳음是' 그 하나를 성취할 따름이다.

「논어집주」

『논어』의 "뜻있는 선비와 어진 이는 삶을 탐하여 인을 해치지 않으며 자신을 희생해서 인을 이룬다志士仁人, 無求生以害仁, 有殺身以成仁"라는 구절에 붙어 있는 정이천程伊川의 글이다. 이 맥락에서 이천은 실리를 옳고 그름을 판단할 수 있는 토대라는 의미로 풀이하고 있다. 실리를 얻으면 인간은 사리 분별을 올바르게 할 수 있고 무엇이 옳은 것인지, 더 가치 있는 것인지 판단할 수 있다는 것이다. 삶에 대한 욕구보다 인을 더 근본적이고 가치

실實, 세계를 만들다

있는 것으로 여기는 능력은 실리를 마음에 체득한 이후에 실현될 수 있는 것이다. 이들에게 실리란 우주 만물의 당위와 가치의 기준이자, 그 기준을 이해할 수 있는 능력의 토대였던 것이다.

【 성리학 4-1 】 원문 44

성性은 실질적인 이치이니 인의예지가 모두 갖추어진 것이다.

「주자어류」

【 성리학 4-2 】 원문 45

도는 형체가 없고 성이 곧 도의 형체일 뿐이다. 그러나 만약 마음이 없다면 성은 어디에 있겠는가. 반드시 마음이 있어야 곧 성을 거두어들이고 발동해서 작용할 수 있다. 대개 성 안에 있는 도리는 단지 인의예지일 뿐이니 이것이 곧 진실한 이치다. 우리 유학자는 성을 진실한 것으로 여기고 불교에서는 성을 공허한 것으로 여긴다. 이와 같다면 성을 가리켜 마음이라고 말해서는 안 된다. 지금 사람들은 종종 마음을 가지고 성을 말하는데 먼저 성이 어떤 것인지 알아야 비로소 말할 수 있다.

「주자어류」

이 두 구절에서 핵심은 두 가지다. 인간의 본성이 불교에서 보듯 공허하지 않다는 것과 궁극적으로 인의예지라는 일상적이며 실천적인 가치일 뿐이라는 것이다. 주희는 본성이 공허하지 않은 진정하고 실질적인 이치라고 말하면서 그 진정성과 실질성은 다름이 아니라 오직 우리 안에 인의예지라는 가치가 갖추어져 있다는 사실이라고 말한다. 주희는 본성과 마음이 분명히 구분되는 것이라는 전제에서 본성은 공허한 것이 아니라 실질적이고 진정한 이치임을 거듭 강조한다. 그러나 더욱 중요한 것은 그 이치가 고원하고 추상적인 상태가 아니라 일상생활에서 늘 경험하고 실천해야 하는 인의예지라는 가치라는 사실이다. 주희는 인간의 본성에 이미 도덕적 가치가 내재화되어 있다고 생각하고 그 도덕적 가치 자체가 진정한 이치일 뿐 별도로 추상적이거나 고원한 본질이 있는 것은 아니라고 강조하는 것이다.

【성리학 5】 원문 46

"『논어』의 '아침에 도를 들으면 저녁에 죽어도 좋다'라는 구절의 내용은 불교의 설에 가깝지 않습니까?" "우리가 말하는 도는 본디 저들이 말하는 도가 아니다. 우선 성인의 뜻은 오직 도를 깨닫는 일이 중요하다고 강조한 것이므로 저들처럼 깨달음에 의지하여 죽는다는 것과는 다르다. 우리가 말하는 도는 군신·부자·부부·형제·친구 사이에 마땅히 그래야 할當然 실질적인 이치實理다. 저들이 말하는 도는 이러한 이치를 환상으로 여기고 망

령으로 여겨 멸절시킴으로써, 저들이 말하는 청정적멸清淨寂滅
의 경지를 구하는 것이다. 인간사의 마땅히 그래야 할 실리는 바
로 인간이 인간일 수 있는 까닭이니, 깨닫지 않으면 안 되는 만
큼 아침에 듣고 저녁에 죽어도 또한 유감이 없을 수 있다. 저들
이 말하는 청정적멸의 경지는 처음부터 인간의 일상생활에는
아무 소용이 없는지라, 그들이 급하게 깨닫고자 하는 까닭은 오
직 장차 죽음이 이르는 것을 두려워하여 깨달은 도에 의지하여
죽음에 대적하려는 것일 뿐이다."

「논어혹문」

성리학의 맥락에서 '실리'가 어떠한지, 어떻게 차별화되는지를 보여주
는 구절이다. 어느 날 제자가 『논어』의 유명한 구절이 결국 불교에서 말하
는 깨달음과 유사하지 않느냐고 질문한다. 이에 대해 주희는 양자의 차이
를 분명히 설명한다. 불교의 도는 삶과 죽음을 하나로 여기고 삶을 중시하
지 않기 때문에 깨달음에 이르면 얼마든지 삶을 포기할 수 있다고 여기지
만 유학의 도는 삶을 하찮게 여기거나 죽음을 중시하는 데 중점이 있는 것
이 아니라 도를 깨닫는 과정에 중점이 있다는 것이다.

바로 그 때문에 유학에서는 군신·부자·부부·형제·친구 등 일상적 관
계 안에서 자신의 역할을 다하고 도리를 실천하는 것이 곧 진정한 이치實
理라고 여긴다는 것이다. 이에 비해 불교는 스스로를 깨끗하고 고요하게
유지하는 데만 몰두하기 때문에 일상생활에서 어떤 효과나 의미도 없다

고 비판한다. 한마디로 말해 불교는 진정한 것이 없고無實 허망한 가르침에 불과하고 유학은 삶에서 진정한 이치를 실현하는 진정한 학문이라는 것이다. 성리학자들이 실리를 강조함으로써 어떤 가르침과 자신들을 구별하고자 하는지 그 안에서 무엇을 강조하고자 하는지 이 대목을 통해서 알 수 있다. 이들은 불교와 성리학의 학문적 지향을 비교하면서 자신들의 학문이 진정한 학문, 진정한 이치의 학문이라고 믿었던 것이다.

【성리학 6】 원문 47

천하의 사물은 모두 진실한 이치가 하는 바다. 그러므로 반드시 이 '이'를 얻은 후에야 이 사물이 있는 것이니 얻은 이가 이미 다하여 없어지면 이 사물도 또한 다하여 없어진다. 그러므로 사람의 마음이 한번이라도 성실하지 못함이 있으면 비록 하는 바가 있더라도 또한 없는 것과 마찬가지이니 군자는 반드시 성실함을 귀하게 여긴다. 사람의 마음이 성실하지 않음이 없을 수 있어야 스스로 이룰 수 있고 나에게 있는 도 역시 행해지지 않음이 없을 것이다.

「중용장구」

이 맥락에서 실리란 천하의 모든 것을 그것이게 만드는 원리 즉 이理 그 자체를 말한다. 이가 세계보다 먼저 존재했다고 보는 성리학의 세계관에서

사물은 이가 작동한 결과 이루어진 것이다. 이는 결코 시간적인 순서를 의미하는 것은 아니다. 그럼에도 만물은 결코 이 없이 존재할 수 없다. 사람의 마음 역시 이에 의해 이루어진 것이기 때문에 조금이라도 성실하지 못하면 아무 의미도 없는 것이 돼버린다. 그렇기 때문에 먼저 깨달은 군자는 무엇보다 성실하도록 노력해야 한다. 이 구절에서 실리는 곧 실심의 근거가 되고, 실심은 결국 실리의 표현이 된다. 사람이 마음을 진실하고 성실하게 하는 노력이 곧 근원적인 진실하고 진정한 이치를 현실에서 실천하는 길이 된다. 성리학적 맥락에서 실리와 실심은 우주의 근원적인 이치가 인간과 아무 관계없이 외부에 존재하는 것이 아니라 인간의 본질인 마음에 연결되어 있음을 보여주기 위한 개념쌍이라고 할 수 있다. 실심이 없다면 실리는 담기고 실현될 길이 없고 실리가 없다면 인간 자체가 성립할 수 없다. 이들의 관점에서 인간은 우주의 작은 일부가 아니라 실리를 마음으로 깨닫고 실현할 수 있는 무한한 가능성의 존재다. 그런 의미에서 이 구절은 성리학의 인간관을 잘 보여주는 문장이라고 할 수 있을 것이다.

【 성리학 7 】 원문 48

치우치지 않은 것을 중中이라 하고 변치 않음을 용庸이라 한다.
중이란 천하의 올바른 도요, 용이란 천하의 안정된 이치다. 이
글(「중용」)은 공자의 문하에서 전수해오던 것인데 공자의 제자인
자사가 이 글이 오래되어 오류가 생길까 염려하여 글로 정리하여
맹자에게 전수했다. 이 글의 처음에는 하나의 이치를 말했고 중

간에는 흩어져 만사가 되었다가 끝에는 다시 합하여 하나의 이치가 되었다. 이것을 풀어놓으면 우주에 가득 차고 거두어들이면 물러나 은밀한 곳에 감추어져서 그 맛이 무궁하니 모두 진실한 학문實學이다. 읽는 이들이 잘 읽어 그 뜻을 찾아 얻는 것이 있으면 죽을 때까지 쓰더라도 다하지 못함이 있을 것이다.

「중용장구」

앞에서 언급한대로 주희는 자신들의 학문을 진실한 학문, 진정한 학문이라는 의미에서 실학이라고 부른다. 여기서 말하는 실학은 특정한 학문이나 학풍을 가리키는 말이라기보다는 진정한 학문이라는 의미의 술어적인 표현에 가깝다. 이理를 실리로, 이를 담고 있는 마음의 성실한 태도를 실심으로 표현하는 성리학에서 이에 대해 이해하고 마음에서 이를 체현하려고 노력하는 모든 과정이 곧 진정한 학문으로서의 실학이다.

이들은 우주의 근원이 실재하기 때문에 그 실재하는 이를 이해하고 그이가 본질적으로 담고 있는 가치를 실현하려고 노력해야 한다고 강조한다. 우주의 이치가 실재하듯, 내 마음에도 그 이치가 실재하며, 그 실재성에 대한 진실한 믿음을 바탕으로 진실한 실천을 하는 것이 사람의 본분이라는 것이다. 이들에게 실은 실재성이자 실천성, 진실성이었던 것이다. 이것이 이들이 모든 맥락에서 '실'을 강조하는 까닭이다.

실實, 세계를 만들다

자기 낯빛을 꾸며 인仁을 가장하지만 행동은 실제로는 인에 어긋

나는데다가 더하여 늘 자신이 옳다고 여기며 아무런 거리낌이 없

다면, 이야말로 실질에 힘쓰지 않고 오로지 명성만 추구하는 자

다. 따라서 헛된 명예가 아무리 높더라도 실제의 덕은 병들었다.

「논어집주」

정이천이 말했다. 배우는 이들은 실질에 힘써야지 명성을 가까

이하고자 하면 안 된다. 명성에 가까워지는데 뜻을 두면 큰 근본

을 이미 잃은 것이니 다시 무엇을 배우랴? 명성을 위한 학문은

거짓이다. 지금 배우는 이들은 대체로 명성을 추구한다. 명성을

추구하는 일과 잇속을 추구하는 일은 고상함과 비루함에 차이

는 있다 하더라도, 탐욕스러운 마음이라는 것은 같다.

「논어집주」

윤돈이 말했다. 자장의 학문은 그 병폐가 실질에 힘쓰지 않음에

있었다. 그래서 공자가 모든 독실한 일은 다 내면이 충실하여 외

면으로 발현된 것이라고 깨우쳐준 것이다. 당시 제자들은 성인의 가르침을 직접 받았음에도 이렇게 잘못될 수 있는데, 하물며 후세 사람들은 어떻겠는가?

「논어집주」

이 구절들은 모두 『논어』「안연顏淵」 편에 등장하는 공자와 제자 자장의 대화에 붙어 있는 주석들이다. 어느 날 자장이 공자에게 과연 어느 정도가 되어야 '통달했다'고 평가할 수 있는지 묻는다. 질문을 받은 공자는 도리어 자장에게 스스로가 생각하는 통달의 의미에 대해 묻는다. 자장은 그가 속한 공동체뿐 아니라 나라에도 명성이 퍼지는 것이라고 말한다.

당연히 공자는 자장의 답변을 인정하지 않는다. 자장이 생각하는 통달은 단순히 명성에 불과하다는 것이다. 공자에게 통달했다는 의미는 스스로에게 정직한 사람이 올바름을 사랑하되 다른 이를 살피고 배려하는 마음가짐과 행동에서 비롯되는 것이고 명성은 통달한 사람이 결과적으로 얻는 효과에 불과하다. 다시 말해 자장은 인과관계를 혼동해 통달의 진정한 의미와 그 결과로서의 효과를 오해한 것이다.

이 대목에 대해 주를 붙인 주희, 정이천, 윤돈은 한결 같이 명과 실을 대비시키며 명예를 사랑하는 마음이 얼마나 헛된지, 실질에 힘쓰려는 마음가짐이 얼마나 중요한지 강조하고 있다. 이들에게 무실, 독실은 헛된 명성이나 명예가 아니라 올바른 앎과 올바른 행위에 힘쓰는 실천적 태도를 의미하는 표현이었던 것이다.

근래에 참된 독서인이 적은 것은 역시 과거시험을 위한 시문의
폐단 때문이다. 책을 잡아 읽으려고 하자마자 곧바로 먼저 자기
생각을 세우고 신기한 것을 찾으려고만 하지, 모두들 그 본래의
의미를 착실하게 이해하려 하지 않는다.

「주자어류」

요즘 공부하는 이들은 실지에 발을 붙이지 않고, 항상 자랑하려
는 마음이 있다. 비유하자면 밥이 있는데도 스스로 먹으려고 하
지 않고 다만 문 앞에 펼쳐놓고 자기 집 안에 밥이 있다고 남에게
알리려고만 하는 것과 같다. 이런 생각을 깨끗이 없애야 비로소
발전이 있다.

「주자어류」

혹자가 물었다. "어떻게 하는 것이 자신을 돌이켜 이치를 궁구하
는 것입니까?" 대답하셨다. "자신을 돌이키는 것은 착실함을 말
한 것이므로 자신을 향해 몸소 소임을 추구하는 것이다."

이 세 구절에서 사용된 '착실着實'에서 지금 우리도 자주 사용하는 '착실하다'라는 형용사가 유래했다고 할 수 있다. 사전적 의미로 착실은 '사람이 허튼 데가 없이 찬찬하며 실하다'라거나 '일정한 기준이나 정도에 모자람이 없이 넉넉하다'는 의미로 사용된다. '건실하다' '진실하다'와 동의어로 취급된다. 위의 구절들에 비추어 크게 다르지 않지만 주희가 착실이라고 말할 때는 보다 큰 의미가 있다.

먼저 착실은 말 그대로 실지實地에 발을 붙이고 있는 상태를 의미하고 이로부터 허공에 떠 있거나 허황되지 않고 진실하고 절실하다는 의미가 파생된다. 특히 착실은 공부의 태도와 자세를 가리키는 경우가 많다. 공부는 언제나 실질적인 데에 발을 붙이는 기분으로 해야 한다는 것이다. 이 실질적인 데에 발을 붙인다는 말을 성리학자들은 자기 자신에게 절실한 것으로 이해한다. 다시 말해 이 구절에서의 착실은 자신에게 절실함, 즉 학문을 자기 삶의 절실한 문제로 받아들인다는 의미를 담고 있는 것이다. 근원적 이치에 대한 깨달음뿐 아니라 국가와 사회를 운영하고 개인 간의 관계에 필요한 도리를 실천하는 모든 일을 공부이자 수양으로 여겼던 성리학자들에게 착실은 성실함 이상의 근본적인 의미가 있었던 것이다.

하루는 학문하는 일에 대해 논의했다. 선생께서 말씀하셨다.
"사람들에게 학문하는 것을 가르칠 때는 어느 한쪽에 집착해서
는 안 된다. 처음 배울 때는 마음이 원숭이 같아 집중하지 못하
고 뜻이 말 같아서 외부로만 치달려서 온전히 붙들어 맬 수 없으
며, 사려하는 바가 대부분 인욕 한편에만 치우쳐 있다. 그러므
로 우선 정좌靜坐를 가르쳐서 생각을 멈추게 해야 한다. 시간이
지나 그들의 마음과 뜻이 어느 정도 안정될 때까지 기다린다. 단
지 공허하게 고요함만을 지키는 것은 마른나무나 꺼진 재와 같
아서 역시 쓸모가 없으므로 반드시 그들에게 반성하고 살펴서
사욕을 제거하는 공부를 가르쳐야 한다. 반성하고 살펴서 사욕
을 제거하는 공부는 잠시라도 방심할 수 없으니, 마치 도둑을 몰
아내는 것처럼 말끔하게 쓸어내려는 의지가 있어야 한다. 아무
일도 없을 때는 여색을 좋아하고 재물을 좋아하고 명예를 좋아
하는 등의 사욕을 하나하나 찾아내어 반드시 병의 근원을 뽑아
내고 영원히 재발하지 않게 해야만 비로소 통쾌하게 된다. 고양
이가 쥐를 잡듯이 언제나 정신을 집중하여 눈으로 살피고 귀로
들어서 한 생각의 싹이 발동하자마자 곧바로 제거해야 한다. 못
을 끊고 쇠를 자르듯이 단호하여 잠시라도 그것을 방편으로 허
용해서도 안 되고 몰래 간직해서도 안 되며 그것에 출로를 내어
주어서도 안 된다. 그래야만 비로소 진실하고 실질적인 공부眞實

用功다. 바야흐로 말끔하게 쓸어낼 수 있어서 극복할 사욕이 없는 경지에 이르면 자연히 팔짱을 끼고 앉아 있어도 잘 다스려지는 때가 있다. 비록 '무엇을 생각하고 무엇을 염려하리오'라고 말하나, 이는 처음에 배울 때의 일이 아니다. 처음 배울 때는 반드시 반성하고 살펴서 사욕을 제거할 것을 생각해야 한다. 이것이 바로 '성실함을 생각하는思誠 것'이다. 단지 하나의 천리만을 생각하여 마음이 완전히 순수한 천리에 도달한 상태가 바로 '무엇을 생각하고 무엇을 염려하겠는가?'의 경지다."

『전습록』

왕양명이 제자에게 양명학의 공부 방법을 설명하는 대목으로 심학의 공부론의 특징을 잘 보여주는 대목이다. 왕양명은 공부란 다른 것이 아니라 마음을 고요히 안정시켜 자기에게 집중함으로써 궁극적으로는 사욕을 끊는 일이라고 말한다. 이렇게 마음의 안정을 통해 사욕을 제거하는 단계가 '진실하고 실질적인 공부眞實用功'라는 것이다. 성리학의 공부가 '격물치지' 즉 사물에 나아가 앎을 확장하고 축적하는 방식이라면 양명학의 공부는 먼저 마음의 안정과 사욕의 제거를 요구한다. 이들에게는 외부 세계의 이치를 지적으로 파악하려는 노력이 아니라 외부 세계의 이치와 자기 마음을 합치하려는 노력이 진정하고 실질적인 공부가 된다. 외부 세계에 대한 객관적인 인식, 그러한 인식을 통한 이理의 체현을 강조한 성리학과 달리 양명학자들은 마음의 안정과 절실함, 바름을 구해야 이理가 실현될 수

실實, 세계를 만들다

있다고 믿었던 것이다.

어떤 하급 관리가 오랫동안 선생의 학문을 청강하고는 다음과 같이 말했다. "이 학문은 매우 좋기는 하지만 공문서를 관리하고 소송을 관장하는 일이 번잡하여 학문을 할 수가 없습니다." 선생께서 그것을 듣고 말씀하셨다. "내가 언제 그대에게 공문서를 관리하고 소송을 관장하는 일을 떠나 허공에 매달려 강학하라고 가르친 적이 있는가? 그대에게는 이미 소송을 판결하는 일이 주어져 있으니, 그 소송을 판결하는 일에서부터 학문을 해야만 비로소 진정한 격물이다. 예를 들어 하나의 소송을 심문할 경우에 상대방의 응답이 형편없다고 화를 내서는 안 되며, 그의 말이 매끄럽다고 기뻐해서도 안 된다. 윗사람에게 부탁한 것을 미워하여 자기 뜻을 보태서 그를 다스려서도 안 되며, 그의 간청으로 인해 자기 뜻을 굽혀서 그의 요구를 따라서도 안 된다. 자기 사무가 번잡하다고 멋대로 대충 판결해서도 안 되며, 주변 사람이 비방하고 모해한다고 그들의 의견에 따라 처리해서도 안 된다. 이 수많은 생각은 모두 사사로운 것이며 단지 그대만이 스스로 알고 있으니, 반드시 세심하게 성찰하고 극복하여 오직 이 마음에 털끝만큼의 치우침과 기울어짐이라도 있어서 사람의 시비를 왜곡시킬까 두려워해야 한다. 이것이 바로 격물치지다. 공문

169

서를 관리하고 소송을 관장하는 일들은 실학이 아닌 것이 없다.
만약 사물을 떠나 학문을 한다면 도리어 공허한 데 집착하는 것
이다.”

「전습록」

성리학에서 지식은 「대학」에서 연원한 '격물치지格物致知'의 전통에서
논의되어 왔다. 일반적으로 격물이란 세계에 대한 객관적 지식의 확보하
는 과정이고 치지란 이 지식을 심도 깊게 축적하는 과정을 의미한다. 그러
나 격물치지는 단순히 외부 세계에 대한 객관적 앎을 축적하는 과정에 한
정되지 않으며 더 나아가 그 지식의 근원적 원리에 대한 궁극적인 이해窮
理로부터 정당화되어야 한다. 중요한 것은 지식의 근원적 원리는 곧 도덕성
을 의미한다는 점이다. 따라서 격물치지의 목표는 지식의 축적을 통해 근
원적 원리를 이해하고 이로부터 더 나아가 그 원리의 본질인 도덕성을 체
현하는 것이다. 다시 말해 성리학자들에게 격물치지는 우주에 대한 근본
적인 앎이고 그 우주의 본질인 도덕성에 대한 이해이면서 동시에 그 원리
가 내재되어 있는 수많은 개별 사물에 대한 객관적인 지식을 의미한다.

이 구절에서 왕양명은 공무에 시달리느라 진정한 의미의 학문인 격물
치지를 할 수 없다고 불평하는 관리에게 진정한 격물치지의 방법에 대해
알려주고 있다. 왕양명은 공문서를 관리하고 소송을 관장하는 실질적인
일을 떠나 별도의 추상적이고 사변적인 공부가 존재하지 않는다고 말한
다. 진정한 격물은 허공의 원리를 파악하려는 사변적인 활동이 아니라 주

실實, 세계를 만들다

어진 임무에 충실하고 처리할 일에 집중하는 것이다. 왕양명은 그러한 실질적 과정에서 비로소 격물이 시작된다고 생각한다. 그리고 그 격물을 진정한 의미의 '실학'이라고 부르는 것이다.

선생께서 말씀하셨다. "학문할 때의 큰 병폐는 명성을 좋아하는 데 있다." 설간薛侃이 물었다. "지난해부터 저는 그 병폐가 이미 가벼워졌다고 생각했습니다. 요즈음 자세히 살펴보니 전혀 그렇지 않음을 알게 되었습니다. 어찌 반드시 외면에 힘써서 남에게 잘 보이려는 것뿐이겠습니까? 단지 칭찬을 들으면 기뻐하고, 비난을 들으면 번민하는 것이 바로 그 병폐가 발동한 것입니다." 선생께서 말씀하셨다. "매우 옳은 말이다. 명성은 실질과 대립된다. 실질에 힘쓰는 마음이 한 푼 무거워지면 명성에 힘쓰는 마음이 한 푼 가벼워진다. 전부가 실질에 힘쓰는 마음이면 곧 명성에 힘쓰는 마음은 모두 없어진다. 만약 실질에 힘쓰는 마음務實之心으로 마치 굶주린 사람이 먹을 것을 구하고 목마른 사람이 마실 것을 구하듯이 한다면 어찌 다시 명성을 좋아할 틈이 있겠는가?" 또 말씀하셨다. "세상을 떠난 뒤에 자신의 명성이 실질과 부합되지稱 않는 것을 싫어한다'의 칭稱 자는 거성去聲으로 읽어서 명성과 실질이 일치된다는 뜻으로 해석해야 한다. '명성이 실정實情보다 지나치는 것을 군자는 부끄럽게 여긴다'는 말과 뜻이 같다. 실질이 명성에 부합되지 않는 것은 살아 있을 때는 오히려 보완할 수 있지만 죽으면 어쩔 수 없다. '40세, 50세가 되어도 그에 대한 말이 들리지 않는다無聞'는 『논어』 구절의 의미는 '도를 아직 듣지 못했다'는 뜻이지, '명성이 들리지 않았다'는 말이 아니다. 공자께서 '그것은 명성이 들린다는 것이지, 통달한 것이 아니다'라고 하셨는데, 어찌 사람들에게 명성을 바랐겠는가?"

『전습록』

왕양명의 제자 설간薛侃이 어느 날 자신의 학문의 큰 병폐가 명성을 좋아하는 데 있다고 고백한다. 이 대목에서 흥미로운 것은 왕양명이 명과 실 즉 명성과 실질을 대립적인 것으로 파악한다는 점이다. 그는 명성을 좇는 마음을 다 옮겨 오직 실질에 마음을 쓰도록 해야 한다고 강조한다. 무실지심 즉 실질에 힘쓰려는 마음이 공부의 토대이자 기초이기 때문이다.

이런 맥락에서 왕양명은 『논어』의 구절도 새롭게 해석한다. 「자한」 편에는 "후생이 무섭다. 어찌 그들의 장래가 우리의 오늘만 못하다 하랴? 다만 40세, 50세가 되어도 들려오는 명성이 없다면 그러한 이는 또한 두려워할 것이 없다子曰, 後生可畏, 焉知來者之不如今也. 四十五十而無聞焉, 斯亦不足畏也已"는 구절이 나온다. 일반적으로 이 구절은 젊어서 학문에 정진한다면 반드시 사오십대에 명성이 드러날 것이니 그 나이가 되어도 명성이 나지 않는다면 그런 이들은 두려워할 것이 없다는 의미로 해석된다. 이 구절에 대해 명성과 실질을 대립적인 것으로 보려는 왕양명은 '명성이 들리지 않는다

실實, 세계를 만들다

無聞'는 구절을 '도에 대해 듣지 못했다不聞道'는 의미로 해석한다. 왕양명이 이 구절을 『논어』의 본래 맥락을 넘어서 독자적인 방식으로 해석하는 것은 학자들로 하여금 명성이 아니라 실질에 힘쓰도록 하기 위해서였을 것이다. 문제가 되는 것은 사오십대에 명성이 들리지 않는 것이 아니라 그 나이에도 도에 대해 깨달음이 없는 상태라는 것이다.

어떤 사람이 "지극히 성실한 도道는 일이 닥치기 전에 미리 알 수 있다"는 구절의 의미에 대해 물었다. 선생께서 말씀하셨다. "성실함은 실리實理이며, 다만 하나의 양지良知일 뿐이다. 실리의 오묘한 작용이 유행하는 것이 바로 신神이며, 그 싹이 움직이는 곳이 바로 기미幾다. 성실하고 신묘하여 기미를 아는 자를 성인이라 한다. 성인은 미리 아는 것을 귀하게 여기지 않는다. 화복이 닥치는 것은 비록 성인일지라도 면하지 못하는 경우가 있다. 성인은 단지 기미를 알아 변화를 만나면 통할 뿐이다. 양지에는 과거도 없고 미래도 없다. 다만 기미를 알 뿐이니, 이 한 가지가 해결되면 백 가지 일이 해결된다. 만약 미리 알려는 마음이 있다면 그것은 바로 사사로운 마음이며, 이로움을 따르고 해로움을 피하려는 의도가 있는 것이다. 소강절邵康節이 반드시 미리 알려고 했던 것은 결국 이로움을 따르고 해로움을 피하려는 마음을 다 떨쳐버리지 못한 것이다."

왕양명은 성리학이 자기 내면의 완전성과 가능성을 믿지 못하고 자꾸만 외부에서 탐구한 이치를 통해 자기 마음을 보완하려 한다고 비판한다. 이런 식이라면 결국 외부 세계와 내 마음이 둘로 나뉜다는 것이다. 왕양명은 이치를 바깥에서 구하면 마음과 이치가 둘로 나뉘어 결국 사람은 외부의 이치에 종속될 수밖에 없다고 본다. 그는 마음 밖에 이치가 존재한다는 생각에서 벗어나 내 마음에 이치가 다 갖추어져 있다고 생각했다. 이것이 바로 유명한 '심즉리心卽理'다. 본성이 곧 이치가 아니라 마음이 곧 이치라는 말이다. 심즉리란 한마디로 말해 이치가 나의 밖에 존재하는 것이 아니라 바로 내 마음 안에 있다는 의미다.

본래 성리학에서는 사람의 본성에 우주 자연의 궁극적 이치이자 인의예지와 같은 가치의 원천인 이가 부여되어 있고 이 본성을 담고 있는 마음을 통해 이를 현실 세계에 실천하는 것이라고 보았다. 그러나 왕양명은 이치는 본성에 담긴 것이 아니라 마음 그 자체에 담긴 것이라고 주장한다. 이말은 곧 근원적 이치가 나의 마음과 관계없이 독자적으로 존재하는 것이 아니라 오로지 '내 마음과의 관계' 속에 존재한다는 의미다.

왕양명에게는 이 마음이 양지이고 곧 실리다. 양지란 맹자가 말하는 "사람이 태어나면서 가지고 있는 옳고 그름을 식별하고 그에 따라 실천할 수 있는 능력"을 의미한다. 양지란 단순한 지식이나 능력이 아니라 선천적으로 도덕적인 것을 이해하고 실천할 수 있는 능력이고 이것이 곧 실리라는 것이다. 왕양명은 외부에 별도로 이가 존재해서 마음이 그것을 인식하는 것이 아니라 마음 자체 즉 양지 자체가 실리라고 주장함으로써 이理를 마음 밖에 존재하는 것으로 보았던 성리학과 다른 학문을 추구했던 것이다.

앎이 진실하고 독실한 곳이 바로 행위이며, 행위가 밝게 깨닫고 정밀하게 살피는 곳이 바로 앎이다. 앎과 행위의 공부는 본래 떨어질 수 없다. 다만 후세의 학자가 두 부분으로 나누어 공부하여 앎과 행위의 본체를 잃어버렸기 때문에 합일병진의 학설이 있게 되었다. 참된 앎眞知은 곧 행위하는 까닭이니, 행위하지 않으면 그것을 앎이라 하기에 부족하다.

『전습록』

언론을 통해 우리는 가끔 선로에 떨어진 취객이나 아이를 구하기 위해 자신을 희생한 사람들의 이야기를 듣는다. 거대한 열차가 사람을 덮치려는 순간 곧바로 뛰어내려 사람을 구하는 힘은 지식이나 판단력에 의존하지 않을 것이다. 일촉즉발의 상황에서는 판단과 실천이 동시에 일어날 수밖에 없을 것이기 때문이다. 이 앎과 실천의 동시성을 왕양명은 '지행합일'이라고 부른다. 앎과 실천이 하나가 될 수 있는 것은 내 마음에 이미 올바른 삶과 행동에 대한 완벽한 지도가 들어 있기 때문이다. 왕양명은 이미 결단과 행동의 방식이 내 안에 갖추어져 있다고 믿었다. 따라서 사람은 외부에 설정된 지침에 따라 결단과 행위를 내는 것이 아니라 내면에 이미 올바르고 의미 있는 길을 따르는 존재라는 것이다.

순간의 결단과 행동을 이끌어내는 내 마음의 등불이자 지도를 왕양명은 '양지良知'라고 불렀다. 양지란 일차적으로는 선천적인 도덕적 직관력을 의미한다. 그러나 더욱 중요한 것은 양지가 내 마음에 들어와 있는 도덕적인 이치라는 것이다. 한마디로 말해 양지는 내 마음 안에 들어와 있는 천리天理다. 왕양명이 양지를 강조하는 것은 외부에 이치가 객관적으로 존재해도 내 마음이 스위치처럼 켜져서 외부 사물과 접촉하지 않으면 결국 그 이치는 아무 의미도 없다고 생각했기 때문이다. 결과적으로 왕양명은 심즉리와 양지의 이론을 통해 가치의 원천인 천리를 담고 있는 마음을 도덕적 실천의 중심으로 내세웠다고 할 수 있다.

【왕양명 6】 원문 60

> 선생께서 등용되어 광서성廣西省 사현思縣과 전주田州를 정벌하려고 떠나실 때, 전덕홍錢德洪과 왕여중王汝中이 엄탄嚴灘까지 따라가 전송했다. 여중이 불가의 실상과 환상의 학설에 대해 물음을 제기했다. 선생께서 말씀하셨다. 마음이 있는 것이 모두 실상이며, 마음이 없는 것이 모두 환상이다. 마음이 없는 것이 모두 실상이며, 마음이 있는 것이 모두 환상이다.
>
> 「전습록」

실實, 세계를 만들다

왕양명은 진실한 것은 마음에 있는 것이며 마음 밖에 있는 것은 도리어 환상이라고 생각한다. 이 말은 외부에 사물이 없다거나 혹은 거짓이나 환상으로 존재한다는 말이 아니다. 내 마음의 이치로 밝히지 않는다면 그 어떤 것도 의미가 없다는 것이다. 왕양명은 마음을 세계를 이해하고 도덕적인 실천을 하는 근원적인 능력으로 여겼기 때문에 내 마음에 이미 담겨 있는 천리를 통해 세상을 밝혀야만 객관적으로 존재하는 사물들이 올바르게 자리 잡고 운용될 수 있다고 믿었다.

후대 학자들은 왕양명의 이런 주장을 일종의 '주관 유심주의' 즉 외부의 객관적 세계를 부정하고 마음만을 진실한 것으로 여겼다고 비판하지만 왕양명의 본래 의도는 외부 세계와 내 마음이 분리되지 않는 것, 객관 세계와 주관 세계가 양분되지 않는 것이라고 보는 편이 타당할 것이다. 왕양명에게 마음은 단순히 외부 세계를 이해하는 역할에 그치지 않으며 그 자체로 근원적인 이치와 하나다. 따라서 마음에 본래 갖추어진 도덕적 직관 능력과 실천 능력을 발휘하기만 하면 곧 도덕성이 실현되고 그리하여 인간이 인간일 수 있다. 왕양명은 도덕적 실천에서 주체의 자각과 실천을 가장 중요하게 생각했던 것이다.

【이황 1】 원문 61

'주일主一'의 일一은 '둘로 하지 않고 섞지 않는다'는 의미의 '일'이며 '한 가지에만 몰두한다專一'는 의미의 '일'로, 성誠을 가리켜 한 말이 아닙니다. 다만 '주일'할 수 있으면 정성이 되는 것입니다.

그래서 「중용」에서는 '일一'로 성을 말했습니다. 성誠 자는 다만 진실하고 거짓이 없음을 의미하는 것으로 풀어야 하지만, 조화에 있어서는 실리實理가 되고 인간에 있어서는 실심實心이 된다는 것은 선유들이 모두 이에 대한 정설이 있으니, 지금 이것을 이理의 딴 이름이라 하는 것은 성誠에 대해 이미 친절하고 분명한 말이 아닙니다. 더구나 성性이라는 것은 인물이 부여받은 이理를 말하는 것이니 성誠 자와는 가리키는 바가 같지 않는데 이렇게 끌어다 붙여서 함께 말한다면 더욱 어지럽고 훼손되어 마침내 시원스럽고 분명한 곳에 이르지 못할 것이니, 학문을 강론하면서 가장 경계해야 할 일입니다.

「퇴계선생문집」 「답김이정」

김이정이라는 제자에게 보낸 편지 「답김이정答金而精」에 나오는 이 구절의 핵심은 '이'를 곧바로 성誠이라고 볼 수 없다는 것이다. 일반적으로 성리학자들은 이에 대해 성실하다는 술어를 붙여서 표현하는 경우가 많다. 그래서 성을 경우에 따라서 이의 작용과 조화의 차원에서는 실리로, 사람에 대해서는 실심이라고 표현해도 크게 무리가 없다. 그러나 퇴계는 이를 보다 날카롭게 구분해야 한다고 생각한다. 성은 이 자체가 아니라 이의 작용 방식에 대한 서술이라는 것이다. 한마디로 이와 이의 작용을 구분하겠다는 것이다. 이것은 퇴계가 궁극적으로 이에 특별한 위상과 역할을 부여하고자 했기 때문이다.

실實, 세계를 만들다

성리학에서 이는 스스로는 움직이지도 않지만 기를 작동하게 함으로써 세계를 지금의 모습으로 있게 만들고 또 지금의 방향으로 이끌어가는 원리다. 인간이 감각할 수도 없지만 우리가 경험하건 못하건 모든 세계의 근원으로 실재하는 원리라는 것이다. 본래 이는 기를 움직이게 하지만 스스로는 움직이지 않는다. 오직 기와 합쳐져서 실질적인 존재로 이루어지거나 활동이 발생할 때 우리는 이의 존재와 작용을 확인할 수 있는 것이다. 그런데 퇴계는 이가 '스스로 움직이고自動' '스스로 발한다自發'고 말한다. 이를 마치 능동적이고 주체적인 활물처럼 표현하는 것이다. 이것은 이가 정말로 '운동'이나 '작동'을 한다는 의미라기보다는 기를 주재하는 능동적 성격을 강조하려는 것이다. 주희의 입장과 다른 부분이 있기 때문에 기대승奇大升(1527~1572) 같은 학자는 퇴계와 이 문제를 두고 토론하기도 했다.

퇴계가 이를 이렇게 해석하는 것은 이를 능동적인 것으로 파악해야 인간이 주체적인 도덕적 실천을 할 수 있다고 보기 때문이다. 만일 마음에 있는 이를 그냥 따르는 것이라면 우리의 도덕적 행동은 그다지 능동적이라 볼 수 없을 것이다. 그러나 마음의 이가 능동적으로 움직인다고 본다면 도덕적 실천 역시 이가 능동적으로 활동한 결과가 되기 때문에 그만큼 도덕적 실천의 능동성을 강조하는 효과가 생긴다. 퇴계가 원했던 것은 바로 이 도덕적 실천의 주체성과 능동성을 확보하는 것이었다. 이런 맥락에서 퇴계는 도덕적 실천에 대한 끝없는 자각만이 사회를 구원할 수 있다고 믿은 일종의 도덕적 이상주의자라고 평가할 수 있을 것이다.

그러나 여기서 만일 선왕의 도술을 밝혀 한 시대의 나아갈 방향을 정하여 표준을 세워서 인도하지 않으면 어떻게 온 나라 사람으로 하여금 쌓인 의혹을 풀고 여러 갈래의 이단 학설을 버리고 크게 변화하여 우리의 대중지정大中至正한 가르침을 따르게 할 수 있겠습니까. 이런 이유로 어리석은 신은 반드시 도술을 밝히고 인심을 바로잡는 것을 새로운 정사를 펴시는 데 바치는 바입니다. 비록 그러하나 밝히는 일에도 근본과 말단本末, 먼저 할 일과 나중에 할 일先後, 천천히 할 일과 급히 처리할 일처럼 실행상의 순서가 있고, 그 본말에도 허虛와 실實의 차이가 있습니다. 임금이 몸소 행하고 마음에 터득한 것을 기반으로 백성의 일상생활의 떳떳한 윤리를 가르치는 것이 본本이요, 법제를 추종하고 문물만을 인습해서 현행의 것을 바꾸고 옛것을 스승으로 하여 모방하고 비교하는 것은 말末입니다. 본은 먼저 해야 하므로 급하고 말은 뒤에 해야 하는 것이므로 천천히 하는 것입니다. 그러나 그 도를 얻어서 임금의 덕이 이루어지면 본과 말이 다 실實하여 요순의 정치가 되고, 그 도를 잃어서 임금의 덕이 이루어지지 않으면 본과 말이 다 허虛해져 말세의 재앙이 있을 것이니, 실로 헛된 명성만 믿고서 성치聖治의 성공을 바라는 것도 옳지 않으며 요법要法을 모른 채 마음으로 터득하는 묘법을 구하는 것도 옳지 않습니다. 이제 전하께서 진실로 헛된 명성은 믿을 수 없다는 것

을 아시고 요법을 구하여 도학을 밝히려 하신다면, 반드시 신이 앞서 논한 진지眞知와 실천의 말씀을 깊이 받아들이시어 경敬으로 시작하고 경으로 끝맺으소서.

「퇴계선생문집」「무진육조소」

유명한 「무진육조소戊辰六條疏」의 일부다. 이 글은 선조가 무진년(1568)에 열일곱의 나이로 즉위했을 때 당시 68세 노학자였던 퇴계가 지어 올린 글로, 여섯 조목에 걸쳐 일국의 왕으로서 지켜야 할 품위와 해야 할 역할과 의무, 학문의 방향 등에 관해 제안하는 내용을 담고 있다. 인용한 부분은 네 번째 조목으로 도술道術을 밝혀 인심人心을 바로 잡을 것을 권하는 대목이다. '도술'이란 천명天命에서 도출된 인륜으로, 천하 고금이 마땅히 따라야 할 길을 말하는데 여기에서는 왕도정치를 행하기 위해 선조가 따라야 할 제왕의 길을 의미한다.

퇴계는 도술이 고대의 성왕 요순으로부터 시작하여 공자와 맹자로 전해졌지만 이단의 이론이 나오는 바람에 희미해졌고, 다시 송대 유학자들에 의해 제창되었지만 인심을 완전히 밝히는 데는 한계가 있었다고 말한다. 따라서 퇴계는 도술에 따라 인심을 밝히는 일, 다시 말해 올바른 제도의 구현을 통한 제왕의 통치를 통해 백성의 마음을 안정시키고 선으로 인도하는 일이 조선에서 특히 선조 대에 이루어져야 할 것이라고 강조한다.

이 구절에서 퇴계가 특히 강조하는 것은 근본과 말단을 구분하여 행하는 일이다. 임금이 모범을 보여 백성을 올바른 길로 인도하는 일이 본이라면 옛 제도와 문물을 따르는 일은 말이다. 이때 중요한 것은 본과 말 가운데 본만 행하고 말은 제쳐두는 것이 아니라 도에 따라 본과 말을 모두 행하는 것이다. 진정한 도를 얻어서 이를 통해 행한다면 본과 말이 모두 실현되고 그것이 바로 진실하고 참된 정치라는 것이다. 퇴계에서 '실'이란 왕의 진정한 유학의 이념에 따라 통치를 행하고 그에 따라 그 효과가 백성에게 전해지는 것을 의미한다. 도덕적인 군주에 의한 도덕적인 정치를 학문의 이념으로 삼았던 퇴계에게는 근원적인 이치뿐 아니라 통치에서의 실효적 노력 역시 실의 중요한 측면이었던 것이다.

【이이 1】 원문 63

배우는 자가 덕德에 나아가서 학업을 닦는 것은 오직 공경을 돈독히 하는 데 있다. 공경하기를 돈독하게 하지 않으면 다만 빈말일 뿐이다. 반드시 표리表裏가 하나같고 조금도 그침이 없어야 한다. 말에는 본받을 만한 교훈이 있고 행동에는 법도가 있으며 낮에는 하는 일이 있고 밤에는 얻는 것이 있으며, 눈 한 번 깜짝하는 사이나 숨 한 번 쉬는 동안에도 본마음을 간직하고 본성을 기름에 있어서 공부하는 과정을 오랫동안 계속하더라도 그 효과는 구하지 말고 오직 날마다 쉬지 않고 힘쓰다 죽은 뒤에야 그만두는 것이니 이것이 실학實學이다. 만일 여기에 힘쓰지 않고 박학을 추구하거나 이야기를 지어내는 일로 자신을 꾸미는 도구로 삼는 자는 유학자들의 적이다. 어찌 두려워하지 않을 수 있겠는가.

「율곡전서」「학교모범」

이 글은 율곡이 대제학으로 있을 때 선조의 명으로 지어 올린 「학교모범學校模範」의 일부다. 선조는 대신들과 경서를 강독하며 공부하는 경연經筵 자리에서 당시 선비들의 습속이 박해지고 올바른 스승의 도가 사라져가는 것을 걱정하며 올바른 학자들을 기를 수 있는 법규를 만들도록 명한다. 이 글은 그에 대한 율곡의 응답으로, 진정한 스승을 만드는 데 필요한 조목들을 담고 있다.

율곡이 배우는 이들에게 요구하는 것은 분명하고 간단하다. 모든 순간에 진실한 마음을 유지하며 수양과 학문을 지속해나가야 한다는 것이다. 바로 그것이 실학이다. 다시 말해 율곡에게 실학은 일상생활에 요구되는 가장 토대적인 가치, 즉 말과 행동, 낮과 밤, 숨 쉬는 짧은 순간에도 진정한 마음가짐을 유지하며 자신의 본성을 기르는 수양을 멈추지 않고 지속적으로 실천하는 과정일 뿐이었다. 그러나 이와 달리 기능적인 앎을 추구하는 경우, 수사적인 글쓰기에 빠져 그것으로 자신을 꾸미려는 일은 거짓된 학문이 된다. 율곡은 이론적 경쟁이나 당파적 경쟁, 혹은 명성을 위한 학문을 거짓된 학문이라고 비판하며 누구보다 절실하고 실질적인 학문의 태도를 요청한 유학자였다.

【이이 2】 원문 64

신이 생각건대, 이치를 궁구하는 것이 이미 분명해진 뒤에야 몸소 실천할 수 있으며 반드시 마음이 진실해야만 비로소 실제 공부에 착수할 수 있습니다. 그 때문에 성실誠實은 궁행의 근본이 됩니다.

『성학집요』

율곡은 근원적인 이치의 깨달음뿐 아니라 이를 몸소 실천하는 일을 매우 중시했다. 이 실천은 단순히 몸을 움직이는 일이 아니라 '진실한 마음實心'이 뒷받침되어야 하는 일이다. 진실한 마음과 성실한 태도가 있어야만 이치에 대한 공부와 그 실천이 진정으로 실현될 수 있다. 실심이나 성실은 유학자들이 일반적으로 사용하는 개념이지만 이 대목에서 율곡은 실심을 천도를 이해하는 마음의 상태가 아니라 근원적인 이치를 이해하려는 노력에 필요한 마음의 준비 상태 혹은 태도라는 의미로 사용한다.

【이이 3】 원문 65

사람에게 실심이 있기 때문에 공부가 틈이 없이 밝아지고 넓어지는 것인데 사람에게 실심이 없다면 천리에 어긋난다.

『성학집요』

실實, 세계를 만들다

이 맥락에서 실심이란 공부를 통해 천리를 담은 마음이자 천리를 실현하는 마음이다. 따라서 사람에게 실심이 없다면 천리를 깨달을 수도, 이를 실천할 수도 없다. 율곡에게 실심은 천리를 실현하는 인간의 본분을 의미한다. 율곡에게 실심은 형이상학적 원리를 체현한 마음이 아니라 모든 실천의 토대, 절실하고 진정한 마음가짐을 의미한다. 율곡 역시 통상적인 성리학적 의미에서 실리와 실심을 강조하지만 여기서 중요한 것은 실심을 공부라는 실질적 과정의 필수조건으로 보고 있는 점이다. 율곡에게는 일상에서의 공부와 관련없는 별도의 실심이 존재하지 않는다.

【이이 4】 원문 66

신이 생각건대, 하늘에는 진실한 이치가 있기 때문에 기화氣化가 쉬지 않고 유행流行하며, 사람에게는 진실한 마음이 있기 때문에 공부가 틈이 없이 환히 밝아지는 것입니다. 사람에게 진실한 마음이 없으면 하늘의 이치와 어긋나게 됩니다.

『성학집요』

잘 알려져 있듯 율곡은 퇴계와 달리 이가 그 자신을 드러내거나 스스로 활동하는 것이 아니라 기를 움직이는 원인이자 제약하는 원리라고 생각한다. '이'가 있기 때문에 자연 세계가 직접적이고 실질적으로 실현되고 작동하고 변화하는 것이다. 사람의 인식 활동, 지적 활동 역시 그 배후에 실제로 존재하는 진정한 마음이 원인으로 존재한다. 율곡은 만약 사람에게 실심이 없다면 천리가 깃들고 실현될 곳이 없어 결국 천리도 어그러지게 된다고 생각한다. 실리와 실심은 자연계의 변화와 사람의 공부의 원인이자 진정한 근거다. 이때 중요한 것은 율곡이 말하는 실심이 단순히 도덕적인 것이 무엇인지 이해하는 능력이 아니라는 점이다. 뒤이은 문장에서 율곡은 실심이 없으면 "부모가 있는 이들 가운데 부모에게 마땅히 효도해야 한다는 것을 모르는 사람은 없지만 실제로 효도하는 자는 드물게 된다有親者, 莫不知當孝而孝者鮮"고 덧붙인다. 이 대목에서 율곡에게 실심이란 형이상학적 마음이 아니라 적극적인 실천의 의지라고 해석할 수 있을 것이다.

【이이 5】 **원문 67**

> 정치는 때時를 아는 것을 귀히 여기고 정사는 실천實에 힘쓰는 것을 핵심으로 합니다. 정치를 하는데 시기의 적절함時宜를 모르고 정사를 돌보는데 실천적 노력實功에 힘쓰지 않으면 비록 성인과 현인이 만나서 다스린다 하더라도 효과效를 거둘 수 없을 것입니다.
>
> 「만언봉사」

이 글은 율곡이 서른아홉 되던 해인 1574년에 선조에게 올린 유명한 상소문 「만언봉사萬言封事」의 첫머리다. 이 문장에 율곡이 생각하는 진정한 정치의 핵심이 무엇인지 드러나 있다. 율곡이 정치에서 가장 앞세우는 것은 시대적 변화에 적절하게 따른다는 시의時宜와 정치적 행위에 있어서의 실천적인 노력을 의미하는 실공實功이다. 시의가 시대적 변화에 맞추기 위한 제도 개혁을 의미한다면 실공은 제도 개혁을 실현시키는 실천적이고 절실한 노력을 의미할 것이다. 여기에 덧붙여 율곡은 이 시의와 실공의 진정한 토대가 왕의 의지에 있다고 강조한다. 그것이 바로 실심實心이다. 율곡은 선조의 실심만이 시의에 맞는 정치 행위를 실현하고 실천하는 토대라고 생각했던 것이다.

【정제두 1】 원문 68

성誠은 실리實理로써 말하는 것이 있고, 실심實心으로써 말하는 것이 있다. 실리로 볼 때 성誠이란 것은 사물物이 스스로 이루어지는 근거요, 도라는 것은 이理가 작용하는 근거다. 실심으로 볼 때 성이란 것은 마음이 스스로 근본이 되는 바요, 도란 것은 사람이 마땅히 스스로 행할 바다.

「하곡집」

하곡 정제두는 조선을 대표하는 양명학자로 강화도에 살며 제자들을 양성했기 때문에 그와 그의 제자들을 일러 강화학파 혹은 하곡학파라고 부른다. 잘 알려져 있듯 성리학을 국가 운영을 토대로 삼고자 했던 조선에서 양명학은 이단으로 취급받았다. 정제두는 이러한 사상적 분위기 속에서도 양명학에 대한 신념을 꺾지 않고 양명학에 전심했으며 중국 양명학과도 다른 독자적인 학문을 구축했다는 평가를 듣는다. 이 문장에서 하곡은 실심의 관점에서 성과 도를 해석하고 있다. 실심이라는 차원에서 본다면 성이란 마음이 스스로를 근본으로 세우려는 노력이고 도란 사람이 마땅히 행해야 할 길이라는 것이다. 결과적으로 하곡이 말하는 실심이란 인간의 순수한 도덕적 마음이며 욕심이 깃들어 있지 않는 순수한 마음이다. 하곡이 성실하게 근본을 세워 스스로 행하는 마음의 진실성을 강조했다는 것은 행위를 추동하는 의지의 진실성을 강조한다는 의미다. 하곡을 비롯해 그의 제자들은 거짓되고 헛된 것을 배격하고 자기 삶의 주체성을 회복하려는 노력을 실심이라고 불렀던 것이다.

【정제두 2】 원문 69

엎드려 생각하옵건대, 본성을 지극히 하고 순수한 행실을 돈독히 하는 것이 실학實學이요, 두터운 덕을 드러내고 교화를 세우는 것이 실정實政이옵니다. 이에 신들은 감히 저희 스승(정제두)의 실학을 들어 전하의 실정을 우러러 찬양하며 다만 쾌히 밝은 명령을 내리시어 특별히 성대한 전례典禮를 거행해 주시기를 바랐사옵니다만 전하의 하답을 받들고 보니 정제두의 서원을 세우는 일을 허락하지 않으실 뿐만 아니라 전례는 도리어 말세末世의 헛된 문식이라고 하시니 신들은 서로 돌아보며 놀라고 슬프고

억울함을 이기지 못했습니다. (…) 오직 저희 스승의 실심과 실학은 이 시대 유학의 종주儒宗셨는데도 전하께서 (…) 끝내 한 번 윤허하기를 아끼시는 것이옵니까? 엎드려 원하옵건대, 전하께서는 쾌히 밝게 비춰 주시고 널리 지휘하시어 과감하게 결단을 내리소서. 속히 신들이 청하는 바를 허락하심으로써 실학을 빛나게 하시고 실정을 크게 하신다면 더할 나위 없이 천만 다행이겠습니다.

『하곡집』「재소」

이 글은 하곡이 서거한 지 2년 뒤인 1738년에 박필일 등 그의 제자들이 영조에게 하곡의 서원을 세워달라고 요청하기 위해 지어 올린 상소문이다. 이 글에서 제자들은 스승의 학문을 '실심실학'으로 정의한다. 강화학을 계승한 민족 사상가 위당 정인보는 양명학의 핵심을 실심의 실현으로 이해하고 양명학 자체를 실심실학이라고 명명하기도 한다. 실심실학은 하곡학파에게만 한정되는 개념은 아니지만 하곡과 그의 후학들이 순수한 도덕적 마음의 회복과 의지의 실현을 실심으로 이해하고 이를 학문의 종지로 삼았다는 점은 분명하다.

【당견 1】 원문 70

일반적으로 명예라고 하는 것은 헛되고 실속이 없으며, 겉이 번지르르하여 선망하나, 마음을 해치고 덕행을 훼멸시키는 것이 마치 씨앗에 구멍을 뚫어 그 종자를 더 이상 자랄 수 없게 단절시키는 것과도 같다. 마음의 종자가 단절되면 덕행도 단절되고, 덕행이 단절되면 도가 단절되고, 도가 단절되면 바른 정치가 단절된다. 사람들이 학문을 한다고 하지만 이 땅에 참된 학문이 없어지고, 사람들이 바른 정치를 말하지만 천하는 더욱 혼란해졌다.

「잠서」「거명」

『잠서潛書』「거명去名」편에 나오는 구절이다. 성리학의 사변적이고 추상적인 심성론을 비판했던 명말 청초의 양명학자 당견은 명예를 헛되고 허무한 것으로 규정하고 명예를 추구하는 데 마음을 쏟으면 결과적으로 덕행을 실천할 수 없게 된다고 강조한다. 명과 실에서 중요한 것은 오직 실이다. 그런 의미에서 당견에게 실학이란 실질이고 실천이고 오직 실질과 실천을 추구할 때만 참된 학문과 바른 정치가 실현된다는 것이다.

【 당견 2 】 원문 71

후대 유자들은 어찌하여 '천지가 내 마음이요, 만물이 내 몸이다'라고 하지 않는가? 그들이 하는 말은 모두 헛된 이치요, 실질적인 일이 아니다. 후대 유자들은 어찌하여 '탕임금과 무왕을 본받을 만하고, 걸왕과 주왕을 반드시 토벌해야 한다'고 하지 않는가? 그들의 이론은 모두가 헛된 말이요, 실질적인 행위가 아니

실實, 세계를 만들다

다. 난폭함을 이길 수 없으면 난폭함을 제거할 수 없으며, 혼란을 다스릴 수 없으면 혼란을 평정할 수 없으며, 혼란을 안정시킬 수 없으면 천지만물을 안정시킬 수 없다. 후대 유자들의 학문은 극히 정밀하고 완비되어 있다. 그러나 종신토록 도를 강구했어도, 나는 그들이 실리와 실사에 도달했다는 말을 한마디도 듣지 못했으니 또한 어떻게 그 학문이 실제로 활용되었는지 그렇지 않은지 물을 수 있겠는가?

「잠서」「양공」

「양공良功」 편의 이 구절은 후대 학자들이 실질적인 실천에 관심이 없음을 비판하는 대목이다. 정치적인 위치를 얻지 못했어도 덕을 온전히 하고 스스로를 수양해서 그 결과를 정치적 효과로 바꾸고자 했던 공자나 맹자와 달리 후대 학자들은 헛된 것에 마음을 쓴다는 것이다. 당견은 당대의 학자들이 사변적인 학문의 수준은 높지만 사공事功 즉 실질적인 일의 성취에는 관심을 두지 않음을 문제 삼으면서 그들에게는 실질적인 일과 실질적인 실천이 없다고 강력하게 비판한다. 천지를 안정시키는 힘은 난폭함을 이기고 제거하여 혼란을 평정하는 실질적이고 실천적인 노력이라는 것이다.

【대진 1】 원문 1

정情은 바탕과 같으니 실질이다.

성리학의 이기론을 비판했던 대진은 과감하게 정情과 이理의 전통적 관계를 역전시킨다. 대진은 천리가 무엇이냐는 질문에 "정이 어그러지지 않은 것情之不爽失也"이라고 대답한다. 이때 이는 정을 규제하는 초월적 규범 원리가 아니라 정의 실현 양태를 가리키는 말로 역전된다. 대진은 "나와 다른 사람에게 있는 것을 모두 정이라고 하고 정에 지나치는 것도 미치지 못하는 것도 없는 것을 이라 한다在己與人皆謂之情, 無過情無不及情之謂理"라고 말한다. 천리는 정 즉 인간의 자연적인 감정 혹은 일상적인 실정을 감시하는 초월적 근원이 아니라 감정 혹은 실정의 발현이 온전하게 작동할 때를 가리키는 말이다. 이런 관점에서 대진은 정이 곧 실질이고 이 실질로서의 정이 온전히 실현된 상태가 이라고 주장한다.

【대진 2】 원문 73

도는 곧 유행과 같다. 기의 변화와 유동은 끊임없이 생성하며 쉬지 않으니 이를 일러 '도道'라고 한다. 『역경』에서 "한번 음하고 한번 양하는 것을 도라 한다"고 했으며 『서경』의 「홍범洪範」에는 "첫째가 물이요, 둘째가 불이고, 셋째가 나무요, 넷째가 쇠요, 다섯째가 흙이다"라고 했다. 여기서 오행五行이라고 할 때 행 역시 도라는 이름의 통칭이다. 음양陰陽을 거론하면 오행도 겸하게 갖

추게 되니 음양이 각각 오행의 내용을 갖추고 있기 때문이다. 마찬가지로 오행을 거론하면 음양도 겸하여 갖추게 되니 오행이 각각 음양의 성질을 갖추고 있기 때문이다. 『대대례기大戴禮記』에서 "도로부터 음양오행이 나누어지는 과정을 명命이라 하고 만물이 하나에서 구체적 사물로 형성되는 것을 일러 성性"이라 했다. 이것이 곧 음양오행에서 나뉘어 사람과 사물이 생겨나며 사람과 사물이 그 나뉜 바에 근거하여 자신의 본성을 이루니 음양오행이 도의 실체이며 혈기심지血氣心知가 성의 실체다.

『맹자자의소증』

성리학의 이기론을 비판하는 입장에서 대진은 도를 성리학과 다르게 해석한다. 일반적으로 성리학에서 도는 우주만물의 근원적 이치 즉 개별적 사물을 그 사물이게끔 하는 형이상학적 원리인 이를 가리킨다. 그러나 대진은 도가 이러한 형이상학적 원리가 아니라 기의 변화와 흐름이 그치지 않는 것을 의미한다고 말한다. 다시 말해 대진의 도는 자연 세계의 변화와 운동성을 가리키는 것이다. 기의 변화와 운동성 외에 별도의 도가 없기 때문에 음양오행이라는 기의 변화의 단위가 곧 도가 된다. 이 음양오행이 사람에게 나누어진 것이 명이고 한 사람 안에 형성된 것이 성이라는 것이다. 음양오행의 근거, 마음의 근원이 아니라 음양오행 자체가 곧 도의 진정한 본체이고 육체와 그 작용[혈기] 및 마음의 지각 능력이 곧 본성이라는 대진의 이론은 결국 기를 중심으로 세계를 설명하는 기일원론으로 볼 수 있다.

인도人道는 인륜과 일용, 일상적 행위 모두를 가리키는 것이다.
천지에 있어서는 기의 변화와 유행이 끊임없이 생성하며 쉼이 없
는 것을 도라 한다. 사람에게 있어서는 삶의 모든 일들은 또한
마치 기의 변화가 그치지 않는 것과 같으니 이것이 도다. (…) 성
이라 하고 도라 하는 것은 구체적인 사물과 실제의 사정을 가리
킨다. (…) 인도는 성性에 근거하고 있으며 성은 천도에 근원을 두
고 있다. (…) 그러므로 천지에 대해 도를 말한다면 그 실제 사물
과 실제 일을 들면 도가 자연히 드러나고 사람에 대해 도를 말한
다면 인륜 일용이 모두 도의 실질적인 일이 된다. (…) 군신, 부
자, 부부, 형제, 붕우의 교제 등 다섯 가지 인륜은 천하에 통용
되는 도로 단지 실질적인 일을 들었을 뿐이다. (…) 성이란 그 실
체, 실사의 이름일 뿐이다.

『맹자자의소증』

앞의 구절과 마찬가지로 성이나 도를 형이상학적 원리로 새기지 않고
인간의 신체적 조건과 마음의 작용, 기의 자연적 운행과 질서를 도라고 해
석하는 구절이다. 대진에게는 이 신체와 마음의 작용, 기의 자연적 운용이

곧 실질적인 본체요 실질적인 일일 뿐, 별도로 자연 세계나 인간을 초월해 있는 형이상학적 세계는 존재하지 않는다. 이런 맥락에서 사람이 자기에게 주어진 도리를 행하는 것 다시 말해 인륜을 지켜나가는 행위가 곧 실질적인 일이 된다. 형이상학적 이理를 거부하는 대진의 사상은 사람의 생존과 공동체의 지향에 대해 새로운 선언과 같은 역할을 한다. 외부의 초월적인 규범을 억지로 따르기보다 자신의 자연스러운 본성과 그로부터 나오는 욕망을 잘 조절하고 다른 사람들과 조화를 이루어 살기만 하면 그대로 도덕적인 공동체가 이루어질 수 있다고 보기 때문이다.

【홍대용 1】 원문 75

제가 일전에 선생께 듣기를, 묻고 배우는 일은 진실한 마음에 달려 있고 행함을 펴는 일은 실질적인 일에 달려 있으니, 진실한 마음으로 실질적인 일을 행하면 허물이 적어질 수 있고 과업은 성취할 수 있다고 했습니다. 지금부터라도 노력하여 분수에 따라 진보시킨다면 가르쳐주신 은혜의 만분의 일이라도 갚을 수 있을 것입니다.

『담헌서』「제미호김선생문」

홍대용이 스승 미호 김원행金元行(1702~1772)에게 올린 제문 「제미호김선생문祭渼湖金先生文」의 구절이다. 기호학파의 핵심 인물 중 하나였던 김원행은 일찍부터 실심과 실사를 강조했다. 진실한 마음이 있어야 그로부터 학문과 수양이 실현될 수 있고 그런 상태여야만 실질적인 공업이 생긴다는 것이다. 김원행이 특히 견제하고자 했던 것은 거짓된 마음, 허위의 학문이다. 홍대용 역시 스승에게 받은 학문적 지향을 자신의 것으로 삼아 다양한 맥락에서 실심과 실사를 주장했다. 서양 지식을 개방적으로 수용해 지전설을 주장하는 등 그가 보여주는 여러 분야에서의 이론적 변화들 역시 허위가 아니라 실질을 추구하려는 그의 학문관에서 비롯된 것이라고 할 수 있다.

【홍대용 2】 원문 76

다만 진실한 마음으로 실질적인 일을 행하면서 도의道義의 문 안에 이 몸을 둘 것이다.

「담헌서」 「회도산해관등망해정유회전당제인」

「산해관에 돌아와서 망해정에 올라 전당을 비롯해 여러 사람을 생각하다回到山海關登望海亭有懷錢塘諸人」라는 시의 일부다. 산해관은 만리장성의 동쪽 끝에 있는 관문으로 연행 사절이 중국에 들어가기 위해 반드시 거쳐야 하는 문이었다. 중국의 선진 문물을 접하기 원했던 홍대용은 결국 서른다섯이던 1765년 11월, 연행 사행의 서장관이 된 계부 홍억의 군관 자격으로 연행길에 따라나서게 된다. 북경에서 홍대용은 그토록 보고 싶었던 서양인들의 천주당도 참관하고 뜻 있는 중국 선비들과도 교류한다.

이 시에서 홍대용은 그 무엇보다 실심과 실사로 돌아갈 것을 스스로에게 다짐한다. 스물아홉의 나이에 이미 혼천의 등 천문 관측기구를 실제로 만들었던 홍대용이 서양 천문학과 천문 관측 제작술이 보급되어 있던 중국에서 느꼈을 감회와 흥분은 충분히 예상할 수 있다. 누구보다 실질적이고 실용적인 학문에 관심을 두었던 홍대용은 그 감회를 실심과 실사라는 말에 담아 표현했을 것이다. 중국의 발전된 기술을 수용해 실용적 지식과 기술을 축적하고자 했던 홍대용에게 실심과 실사는 단순히 마음의 태도가 아니라 진정한 학문의 대상과 방법을 의미하는 말이라고 할 수 있다.

인생의 실패와 성공은 본래 정해진 명이 있으므로 성공했을 때는 천하 사람과 함께 선善을 행하고 실패했을 때는 홀로 자신을 선하게 함으로써 각각 그 처한 바에 따라 직분을 다할 뿐이다. 우리 유학이 진실한 학문인 것은 이러한 데서 비롯된 것이다. 만약 반드시 문을 열어놓고 후학들에게 가르치되 나와 다른 것을 배척하거나 속으로 남을 이기는 마음을 드러내며 거만하게 유아독존하는 마음이 있다면 이런 것은 근세近世 도학의 척도에서 볼 때 진실로 매우 싫어할 만한 일이다. 오직 그 진실한 마음實心과 실질적인 일實事로 날로 실제實地에 입각해서 밟아나가야 하니 먼저 이 진실한 본령本領이 있은 후에야 경을 위주로 함主敬과 앎

을 지극히 함致知, 자신을 닦음修근과 다른 이들을 다스림治人의
방법이 비로소 착수할 곳이 있어 공허한 그림자에 돌아가지 않
을 것이다.

『담헌서』 「항전척독」

　연행길에서 사귄 중국인 학자들과 교류한 편지글 모음 「항전척독杭傳尺
牘」의 구절이다. '실'은 홍대용의 학문적 정신을 대표하는 말이다. 홍대용
의 대표적인 글 『의산문답』만으로도 충분히 설명된다. 『의산문답』의 두 주
인공이 허자虛子와 실옹實翁이기 때문이다. 도학 즉 성리학을 수십 년간 익
히고 스스로 통달했다고 여기던 허자는 자기 뜻을 알아줄 사람을 찾으러
나선 길에서 우연히 '실거지문實居之門'이라고 적힌 문과 '실옹지거實翁之居'
라 적힌 처소에 도착한다. 그리고 거기서 만난 실옹으로부터 지구가 둥글
다거나 빠른 속도로 돌고 있다는 등의 새로운 이야기를 듣는다. 특히 실옹
은 허자에게 "옛 사람이 남긴 기록을 믿는 것보다는 눈앞에서 직접 목도하
여 실증實境하는 것이 낫다且爾與其信古人傳記之言, 豈若從現前目訂之實境也"고 강
조하며 허자의 고루하고 꽉 막힌 생각을 열어준다.

　이 문장은 홍대용의 이러한 인식을 집약적으로 보여주고 있다. 도학 즉
성리학자들은 자신들이 배운 것이 유일한 진리라는 생각에 빠져 다른 이
론을 검토하지 않을뿐더러, 자신들이 익힌 것이 진리라는 생각으로 서로
경쟁한다. 홍대용은 이를 비판하며 진실한 마음으로 실질적인 일을 실천
해야 주경, 치지, 수기, 치인과 같은 유학의 학문적 목표가 실현될 수 있다

실實, 세계를 만들다

고 강조한다. 그에게 실은 단순히 학문의 방법론이나 태도가 아니라 학문의 목표이자 실현의 길이었던 것이다.

이른바 '본성을 안다'는 것은 나의 본성이 선을 즐거워하고 악을 부끄러워하는 것을 알아서 한 생각이 싹틀 때 그것의 선악을 살펴 이를 따라 닦아서 천덕天德에 이르고자 하는 것이다. 만약 형이상학적 원리인 이理를 성性이라고 여긴다면 이를 궁구하는 것을 본성을 아는 것이라고 여기고 이가 나오는 바를 아는 것을 하늘을 아는 것이라고 여기며 마침내 이가 나오는 바를 아는 것을 마음을 다하는 것이라고 여긴다면 나 한사람이 평생 힘쓸 일은 오직 이를 궁구하는 것 하나에 그칠 뿐이니 이치를 궁구하여 장차 어디에 쓸 것인가? 이를 성이라고 여긴다면 천하만물 즉 물과 불, 흙과 돌, 풀과 나무, 짐승들의 이치가 모두 성인데 필생토록 이 이理를 궁구해야 이 성을 안다고 할 수 있을 것이다. 그렇다면 부모를 섬기고 어른을 공경하고 임금에게 충성하고 백성을 돌보는 일, 예악 형정, 군사, 재무와 같은 실천적이고 실용적인 학문에는 부족함이 없을 수 없을 터이니 본성을 알고 하늘을 아는 일이 고원하고 비실용적인 바에 불과하지 않겠는가? 성현들의 학문은 결단코 이와 다르다.

『맹자요의』

진심, 지성, 지천은 『맹자』에 나오는 구절이다. 맹자는 마음을 다하고盡心 본성을 알면知性 하늘을 알 수 있다知天고 말한 바 있다. 주희는 이 구절을 이기론의 관점에서 해석한다. 마음이란 모든 이치가 갖추어져 있어서 만사에 응할 수 있는 능력이고 성이란 마음에 갖추어져 있는 형이상학적 원리인 이라는 것이다. 여기서 마음의 역할은 이를 끝까지 궁구하는 것이 된다. 다시 말해 성리학적 방법으로 이를 궁구한다는 것은 결과적으로 자기 내부의 이를 밝히는 내성적이고 관조적인 활동에 치우치게 된다는 것이다.

정약용은 '실천 실용의 학문'이라는 관점에서 이러한 성리학의 전통적인 이론 체계를 강력하게 비판한다. 정약용은 자기 본성과 그 속에 담긴 이를 궁구하는 활동이 아니라 부모를 섬기고 어른을 공경하고 군주에게 충성하며 백성을 기르는 실질적인 행위들, 예악 제도, 형정과 군사, 재무와 같은 일이 진정한 실천 실용의 학문이라고 강조하는 것이다. 다산의 학문적 지향을 정확하게 보여주는 구절이라고 할 수 있다.

【 정약용 2 】 원문 79

옛 사람들은 진실한 마음으로 하늘을 섬기고事天 진실한 마음으로 신을 섬겼으니事神 한번 움직이고 한번 고요한 사이에 한 생각이 싹틀 때도 혹 진실한가 거짓인가 혹 선한가 악한가를 경계하며 '날마다 살피는 듯하다'고 말했다. 그러므로 경계하여 삼가고戒愼, 두려워하고 조심하며恐懼, 홀로 있을 때 삼가는 간절함愼獨

실實, 세계를 만들다

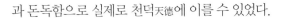

과 돈독함으로 실제로 천덕天德에 이를 수 있었다.

『여유당전서』『중용강의보』

이 구절에서 실심사천實心事天, 실심사신實心事神은 '마음을 다해 하늘을 섬기고 마음을 다해 신을 섬긴다'는 뜻으로 다산이 말하는 사천 즉 하늘을 섬김이 일종의 신앙에 가까운 것임을 보여주는 대목으로 알려져 있다. 정약용은 고대 유학에 등장하는 근원적 존재인 상제上帝를 높이고 온갖 신이 상제를 보좌한다고 주장한 바 있다. 정약용에게 상제는 초월적인 신앙의 대상이라기보다는 언제나 내가 도덕적인 행위를 하도록 내려다보고 있는 도덕적인 감시자에 가깝다. 결과적으로 정약용에게 하늘을 섬기는 방법은 삼가는 마음, 진실한 마음으로 자기를 반성하고 도덕적인 선을 실천하는 것이고 실심은 스스로 도덕적으로 경계하는 마음의 진실성을 의미한다고 할 수 있다.

총괄하면 뜻을 성실히 함誠意와 마음을 바로잡음正心은 이 경전(『대학』)의 큰 조목이므로 옛 유학자들이 마침내 이 경전을 마음을 다스리고 본성을 선양하는 방법이라고 여긴 것이다. 그러나 옛 성현에게 있어 마음을 다스리고 본성을 선양하는 일은 언제나 일을 행하는 데 있고 일을 행하는 것은 인륜을 벗어나지 않았

다. 그러므로 진실된 마음으로 부모를 섬기면 성의와 정심으로 효를 이루고 진실된 마음으로 어른을 섬기면 성의와 정심으로 공경을 다하게 되고 진실한 마음으로 어린이를 기르면 성의와 정심으로 자애를 이룬다. 그러므로 성의와 정심으로 집안을 가지런히 하고 성의와 정심으로 나라를 다스리고 성의와 정심으로 천하를 평안하게 할 수 있다. 성의와 정심은 언제나 일을 행하는 데 달려 있고 언제나 인륜에 연결되어 있으니 한갓 뜻만으로는 정성을 다할 수 있는 이치가 없고 한갓 마음만으로 바르게 하는 방법이 없다. 실제로 일을 행하는 것이나 인륜을 버리고서 마음이 지극한 선에 머물고자 구하는 것은 옛 성현의 본래의 방법이 아니다.

「여유당전서」「대학공의」

성리학의 「대학」 해석에 대한 근본적인 비판을 담고 있는 구절이다. 일반적으로 성리학에서 '지극한 선에 머문다止於至善'는 「대학」의 구절을 천리의 공정함을 극진히 다해서 인욕을 없애고 그리하여 마음의 본체를 텅 비우고 밝게 하는 과정心體虛明 즉 본연의 성으로 돌아가는 과정復其本然이라고 이해한다. 다시 말해 지극한 선이란 본성을 회복하려는 노력 그리고 마음의 본체를 깨끗하게 유지하려는 노력을 통해 확보된다는 말이다.

정약용은 지극한 선에 머무는 상태를 인욕을 없애고 본래 품부받은 이로 돌아가려는 의식의 수양이 아니라 오직 일상에서 인륜을 실제로 행한

실實, 세계를 만들다

결과로만 이해하고자 한다. 정약용에게 있어 뜻을 성실히 하고 마음을 바르게 한다는 성의와 정심은 자신의 형이상학적 본체를 회복하려는 노력이나 마음을 비우려는 의식적 노력이 아니라 오직 진실한 마음으로 부모에게 효를 행하고 어른에게 공손하게 하며 어린아이에게 사랑을 베푸는 구체적인 실천을 의미한다. 실심이란 성리학에서 말하듯 천도의 조화나 이가 내재된 인간의 마음이 아니라 결국 일상생활에서 요구되는 인간적 도리 즉 인륜을 실제로 행할 때의 태도가 된다.

【 김정희 1 】 원문 81

진제賑濟를 개설하고 파하는 것을 모두 절기로 표준을 삼으면,
위로 벼가 익는 상강霜降 때와 양식이 떨어지는 시기까지 차이가
없고, 아래로 보리가 익는 망종芒種 때와 곡식을 베는 시기까지
차이가 없을 것이니, 그 실심實心으로 백성을 구제하고자 하는
이는 마땅히 이 법을 쓸 것이요, 아무 달 아무 날로 표준을 삼지
말아야 할 것이다.

「목민심서」

진제賑濟란 흉년에 백성을 구휼하는 일을 말한다. 정약용은 흉년에 백성을 보살피는 제도를 개설하거나 폐하는 것을 모두 실제의 절기에 맞추어야 실효가 있다고 보고 진심으로 백성을 구휼하려는 사람들은 당연히

이러한 법을 따라야 한다고 강조한다. 이 문맥에서 실심이란 백성을 구제하려는 진심 혹은 절실함이라고 말할 수 있다. 정약용은 요식행위나 행정적 편의가 아니라 진정으로 백성을 위한 제도를 만들어야 한다고 강조했던 것이다.

【김정희 1】 원문 82

『한서漢書』「하간헌왕전河間獻王傳」에 이르기를, "사실에 의거하여 사물의 진리를 찾는다實事求是"고 했는데, 이 말은 곧 학문을 하는 데 있어 가장 중요한 도리다. 만일 사실에 의거하지 않고 허술한 방도를 편리하게 여기거나, 그 진리를 찾지 않고 다만 선입견을 위주로 한다면 성현의 도에 있어 배치되지 않는 것이 없을 것이다. 한유漢儒들은 경전經傳의 훈고에 대해서 모두 스승에게 가르침을 받은 것이 있어 정실精實함을 극도로 갖추었고, 성도인의 性道仁義 등의 일에 이르러서는 그때 사람들이 모두 다 알고 있어서 깊이 논할 필요가 없었기 때문에 많이 추명推明하지 않았다. 그러나 우연히 주석이란 것이 있으니 이것은 진정 사실에 의거하여 그 진리를 찾지 않은 것이 없었다. 그런데 진晉 나라 때 사람들이 노자, 장자의 허무한 학설을 강론하여 학문을 게을리 하는 허술한 사람들을 편리하게 함으로부터 학술이 일변했고, 불도가 크게 행해짐으로써 선기禪機의 깨닫는 바가 심지어 지루해서 추구하여 따질 수도 없는 지경이 됨에 이르러서 학술이 또 일변

했으니, 이는 다만 '사실에 의거하여 진리를 찾는다'는 한마디 말과 상반되었기 때문이다. 그후 북송과 남송의 유자들은 도학을 천명하여 성리性理 등의 일에 대해서 정밀하게 말해놓았으니, 이는 실로 고인이 미처 발명하지 못한 것을 발명한 것이다. 그런데 오직 육왕陸王 등의 학파가 또 실없는 공허를 밟고서 유儒를 이끌어 석釋으로 들어갔는데, 이는 석을 이끌어 유로 들어간 것보다 더 심한 것이었다. 가만히 생각하건대, 학문하는 도는 이미 요순·우탕·문무·주공을 귀의처로 삼았으니, 의당 사실에 의거해서 옳은 진리를 찾아야지, 헛된 말을 제기하여 그른 곳에 숨어서는 안 될 것이다.

『완당전집』「실사구시설」

추사체로 잘 알려진 19세기 학자 김정희의 「실사구시설實事求是說」 가운데 일부다. 제목 자체가 '실사구시설'인 이 글은 말 그대로 실사구시의 어원부터 의미, 역사까지 포괄하는 내용을 담고 있다. 한대 역사가 반고班固가 지은 『한서』「하간헌왕전河間獻王傳」에는 학문을 즐겼던 하간왕에 대한 이야기가 나온다. 이 왕은 유독 책을 좋아했다고 하는데 언제나 사실에 의거해 진리를 밝히고자 했다는 그의 학문 태도는 이후 유학의 핵심적 이념이 되었다.

김정희는 이 실사구시를 유학의 학문적 이념으로 세우고 이와 다른 학풍들 즉 노장, 불교, 육상산과 왕양명의 학술을 거짓된 학문 즉 허학이라고 비판하고 있다. 시서화에 능했던 뛰어난 예술가이기도 했지만 김정희 역시 요순우탕, 문무주공과 같은 고대 유학의 성인들을 높이고 그들의 가르침에서 진리를 도출하는 일을 진정한 실사구시로 파악하는 유학자이기도 했던 것이다.

【한성순보 1】원문 83

중국의 문명이 서양보다 앞선 것은 4000년 전이었다. 요순 삼대의 교화는 시의時宜를 따라 백성과 국가를 편안함에 올려놓았다. (…) 이후 점차 허문을 숭상하고 실학을 일삼지 않았다. (…) 저 서양 각 나라는 격치格致의 학문을 강마하며 조화의 근원을 궁구하고 추리하여 기물을 만들고 부국했다. (…) 아아 전일에 실학을 일삼지 않고 허문을 헛되이 숭상하여 해야 할 바를 모르고 착오하여 모욕을 받거나 병탄되었다. (…) 동양의 물산과 인구가 많음에도 구주보다 부강하지 못해 모욕을 당한 것은 어째서인가. 저들은 실학을 하고 우리는 허문을 숭상했기 때문이다. (…) 오로지 실사구시하여 일신하면 수십 년 후에는 반드시 서국을 능가할 것이다. 이른바 실학이란 격치의 한 단서다. (…) 그러나 혹자는 동양인이 서학을 익히는 것을 일러 '오랑캐의 장점을 활용하여 중화를 바꾸는 것用夷變夏'이라 하여 혐오한다. (…) 대저 천산격치天算格致의 여러 학문은 천하의 공학公學이며 서양인의 사학私學이 아니다. 천산은 상고에 거슬러 올라가며 격치는

『대학』에 명백하다. 그러나 후세에 이를 강마하지 않았는데 저
서양인이 그 일단을 얻어 정심으로 공부하여 기기의 교묘함과
부강의 효험을 얻었다. (…) 때문에 나는 천산격치를 천하의 공
학이요 서학이 아니고 당금에 절용한 학문이고 이단좌도에 비
할 바가 아니라고 말한다.

『한성순보』「이국일성」

『한성순보』 1884년 3월 27일자에 실린 「이국일성伊國日盛」이란 글이다.
이 글에서 '실학'이란 고대 동아시아의 사상적 근원 혹은 학문적 지향을
의미한다. 고대 동아시아는 근본적으로 실용적이고(이용) 백성의 삶에 보
탬이 되는(경세) 실질적인 일을(실사) 추구하는 학풍을 일관되게 유지했지
만 점차 추상적이고 사변적인 학문 즉 허문으로 기울어 실학의 의미를 잃
어갔다는 것이다. 허문에 반대되는 새로운 학문적 경향은 '격치'다. 격치
란 '격물치지格物致知'의 준말로, 「대학」에 나오는 지적 추구의 방법을 의미
한다. 그러나 이 맥락에서 격치란 서양의 과학을 가리킨다. 중국을 경유해
동아시아에 유입되던 서양의 과학을 당시에 '격치학格致學'이라고 불렀기
때문이다.

이런 맥락에서 실학이 곧 격치의 단서라는 말은 이미 동아시아에는 서
양의 과학을 수용할 실증적이고 실용적인 학풍이 면면히 흘러왔음을 의
미한다. 결과적으로 이 글에서 '실학'이란 단순히 고대 동아시아의 학문이
나 사상적 경향 혹은 유학이나 성리학이 아니라 서학 즉 격치학까지 포괄

하는 근대적 의미의 학문을 가리키는 말로 변화되어 있다. 사실 이러한 인식은 당대 지식인들에게 보편적으로 나타나는 일반론이라고 할 수 있다. 이들은 '실학'을 유학의 토대 위에 새로운 서양 지식들을 수용하는 절충적 학문 경향이라고 파악하고 실학을 통해 조선의 위기를 극복해나가야 한다고 주창했던 것이다.

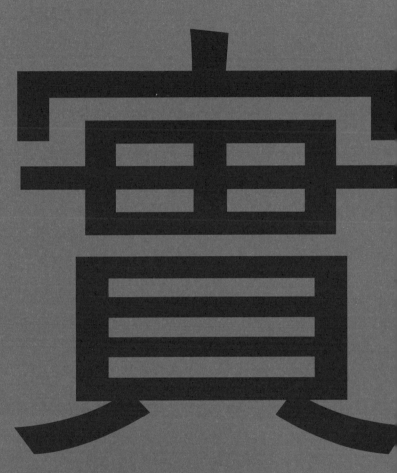

3장

원문

[공 자 1] 원문 1

子曰, 苗而不秀者有矣夫. 秀而不實者有矣夫.

『論語』「子罕」

[공 자 2] 원문 2

曾子曰, 以能問於不能, 以多問於寡. 有若無, 實若虛, 犯而不校,

昔者吾友嘗從事於斯矣.

『論語』「泰伯」

[맹 자 1] 원문 3

浩生不害問曰, 樂正子, 何人也? 孟子曰, 善人也, 信人也. 何謂善?

何謂信? 曰可欲之謂善, 有諸己之謂信. 充實之謂美, 充實而有光

輝之謂大, 大而化之之謂聖, 聖而不可知之之謂神. 樂正子, 二之

中, 四之下也.

『孟子』「盡心 下」

[맹 자 2] 원문 4

孟子曰, 仁之實, 事親是也. 義之實, 從兄是也. 智之實, 知斯二者

弗去是也. 禮之實, 節文斯二者是也. 樂之實, 樂斯二者, 樂則生
矣. 生則惡可已也, 惡可已, 則不知足之蹈之手之舞之.
『孟子』「離婁 上」

[맹 자 3] 원문 5

食而弗愛, 豕交之也. 愛而不敬, 獸畜之也. 恭敬者, 幣之未將者
也. 恭敬而無實, 君子不可虛拘.
『孟子』「盡心 上」

[맹 자 4] 원문 6

孟子曰, 言無實不祥. 不祥之實, 蔽賢者當之.
『孟子』「離婁 下」

[맹 자 5] 원문 7

淳于髡曰, 先名實者, 爲人也. 後名實者, 自爲也. 夫子在三卿之中,
名實未加於上下而去之, 仁者固如此乎? 孟子曰, 居下位, 不以賢
事不肖者, 伯夷也. 五就湯, 五就桀者, 伊尹也. 不惡汙君, 不辭小
官者, 柳下惠也. 三子者不同道, 其趣一也. 一者何也? 曰仁也. 君
子亦仁而已矣, 何必同? 曰魯繆公之時, 公儀子爲政, 子柳子思爲
臣, 魯之削也滋甚. 若是乎賢者之無益於國也! 曰虞不用百里奚
而亡, 秦穆公用之而霸. 不用賢則亡, 削何可得與? 曰昔者王豹處
於淇, 而河西善謳. 緜駒處於高唐, 而齊右善歌. 華周杞梁之妻善

哭其夫, 而變國俗. 有諸內必形諸外. 爲其事而無其功者, 髡未嘗
覩之也. 是故無賢者也, 有則髡必識之. 曰孔子爲魯司寇, 不用, 從
而祭, 燔肉不至, 不稅冕而行. 不知者以爲爲肉也. 其知者以爲爲
無禮也. 乃孔子則欲以微罪行, 不欲爲苟去. 君子之所爲, 衆人固
不識也.

『孟子』「告子 下」

[순 자 1] 원문 8

故王者之制名, 名定而實辨, 道行而志通, 則愼率民而一焉. 故析
辭擅作名以亂正名, 使民疑惑, 人多辨訟,則謂之大姦, 其罪猶爲
符節度量之罪也.

『荀子』「正名」

[순 자 2] 원문 9

今聖王沒, 名守慢, 奇辭起, 名實亂, 是非之形不明, 則雖守法之
吏, 誦數之儒, 亦皆亂也. 若有王者起, 必將有循於舊名, 有作於
新名. 然則所爲有名, 與所緣以同異與制名之樞要, 不可不察也.
異形離心交喩, 異物名實玄紐, 貴賤不明, 同異不別. 如是,則志必
有不喩之患, 而事必有困廢之禍. 故知者爲之分別, 制名以指實,
上以明貴賤, 下以辨同異. 貴賤明, 同異別, 如是,則志無不喩之患,
事無困廢之禍, 此所爲有名也.

『荀子』「正名」

心有徵知. 徵知, 則緣耳而知聲可也, 緣目而知形可也, 然而徵知
必將待天官之當簿其類然後可也. 五官簿之而不知, 心徵之而無
說, 則人莫不然謂之不知, 此所緣而以同異也. 然後隨而命之, 同
則同之, 異則異之, 單足以喩則單, 單不足以喩則兼, 單與兼無所
相避則共, 雖共, 不爲害矣. 知異實者之異名也, 故使異實者莫不
異名也, 不可亂也. 猶使同實者莫不同名也.

『荀子』「正名」

故萬物雖衆, 有時而欲徧擧之, 故謂之物. 物也者, 大共名也. 推而
共之, 共則有共, 至於無共然後止. 有時而欲徧擧之, 故謂之鳥獸.
鳥獸也者, 大別名也. 推而別之, 別則有別, 至於無別然後止. 名
無固宜, 約之以命, 約定俗成謂之宜, 異於約則謂之不宜. 名無固
實, 約之以命實, 約定俗成謂之實名. 名有固善, 徑易而不拂, 謂之
善名. 物有同狀而異所者, 有異狀而同所者, 可別也. 狀同而爲異
所者, 雖可合, 謂之二實. 狀變而實無別而爲異者, 謂之化, 有化而
無別, 謂之一實. 此事之所以稽實定數也. 此制名之樞要也. 後王
之成名, 不可不察也.

『荀子』「正名」

[순자 5] 원문 12

凡言不合先王, 不順禮義, 謂之姦言. 雖辯, 君子不聽, 法先王, 順禮義, 黨學者, 然而不好言, 不樂言, 則必非誠士也. 故君子之於言也, 志好之, 行安之, 樂言之, 故君子必辯. 凡人莫不好言其所善, 而君子爲甚. 故贈人以言, 重於金石珠玉. 觀人以言, 美於黼黻文章. 聽人以言, 樂於鐘鼓琴瑟. 故君子之於言無厭, 鄙夫反是, 好其實不恤其文, 是以終身不免埤汙傭俗.

『荀子』「非相」

[순자 6] 원문 13

昔賓孟之蔽者, 亂家是也. 墨子蔽於用而不知文, 宋子蔽於欲而不知得, 慎子蔽於法而不知賢, 申子蔽於埶而不知知, 惠子蔽於辭而不知實, 莊子蔽於天而不知人. 故由用謂之道, 盡利矣, 由欲謂之道, 盡嗛矣, 由法謂之道, 盡數矣, 由埶謂之道, 盡便矣, 由辭謂之道, 盡論矣, 由天謂之道, 盡因矣. 此數具者, 皆道之一隅也. 夫道者體常而盡變, 一隅不足以擧之, 曲知之人, 觀於道之一隅, 而未之能識也.

『荀子』「解蔽」

[노자 1] 원문 14

不尙賢, 使民不爭, 不貴難得之貨, 使民不爲盜, 不見可欲, 使民心不亂, 是以聖人之治, 虛其心, 實其腹, 弱其志, 强其骨, 常使民無

知無欲, 使夫智者不敢爲也, 爲無爲, 則無不治.
『道德經』

[노자 2] 원문 15
上德不德, 是以有德, 下德不失德, 是以無德, 上德無爲而無以爲,
下德爲之而有以爲, 上仁爲之而有以爲, 上義爲之而有以爲, 上禮
爲之而莫之應, 攘臂而仍之, 故失道而後德, 失德而後仁, 失仁而
後義, 失義而後禮, 夫禮者, 忠信之薄, 而亂之首, 前識者, 道之華,
而愚之始, 是以大丈夫處其厚, 不居其薄, 處其實, 不居其華, 故去
彼取此.
『道德經』

[장자 1] 원문 16
堯讓天下於許由, 曰日月出矣而爝火不息, 其於光也, 不亦難乎.
時雨降矣, 而猶浸灌, 其於澤也, 不亦勞乎. 夫子立, 而天下治而
我猶尸之, 吾自視缺然, 請致天下. 許由曰, 子治天下, 天下旣已治
也. 而我猶代子, 吾將爲名乎? 名者實之賓也. 吾將爲賓乎? 鷦鷯
巢於深林, 不過一枝., 偃鼠飮河, 不過滿腹. 歸休乎君, 予无所用天
下爲! 庖人雖不治庖, 尸祝不越樽俎而代之矣.
『莊子』「逍遙遊」

실實, 세계를 만들다

[장자 2] 원문 17

狙公賦芧, 曰朝三而暮四. 衆狙皆怒. 曰然則朝四而暮三, 衆狙皆悅. 名實未虧, 而喜怒爲用, 亦因是也. 是以聖人和之以是非, 而休乎天鈞, 是之謂兩行.

『莊子』「齊物論」

[장자 3] 원문 18

且昔者桀殺關龍逢, 紂殺王子比干, 是皆脩其身以下傴拊人之民, 以下拂其上者也, 故其君因其脩以擠之. 是好名者也. 昔者堯攻叢枝胥敖, 禹攻有扈, 國爲虛厲, 身爲刑戮, 其用兵不止, 其求實无已. 是皆求名實者也, 而獨不聞之乎. 名實者, 聖人之所不能勝也, 而況若乎.

『莊子』「人間世」

[장자 4] 원문 19

言者, 風波也, 行者, 實喪也. 夫風波易以動, 實喪易以危. 故忿設無由, 巧言偏辭.

『莊子』「人間世」

[장자 5] 원문 20

顔回問, 仲尼曰, 孟孫才其母死, 哭泣無涕, 中心不慼, 居喪不哀. 無是三者, 以善處喪蓋魯國, 固有無其實, 而得其名者乎. 回壹怪

之. 仲尼曰, 夫孟孫氏盡之矣, 進於知矣. 唯簡之而不得, 夫已有
所簡矣. 孟孫氏不知所以生, 不知所以死, 不知孰先, 不知孰後.
若化爲物, 以待其所, 不知之化已乎.
『莊子』「大宗師」

[등석 1] 원문 21

循名責實, 君之事也, 奉法宣令, 臣之職也.
『鄧析子』「無厚」

[등석 2] 원문 22

循名責實, 察法立威, 是明王也. 夫明於形者分, 不遇於事, 察於動
者用, 不失則利. 故明君審一, 萬物自正. 名不可以外務, 智不可以
從他, 求諸己之謂也.
『鄧析子』「無厚」

[등석 3] 원문 23

治世, 位不可越, 職不可亂. 百官有司, 各務其刑, 上循名以督實,
下奉敎以不違.
『鄧析子』「無厚」

[공손룡 1] 원문 24

天地與其所産焉, 物也. 物以物其所物而不過焉, 實也. 實以實其

실實, 세계를 만들다

所實而不曠焉, 位也出其所位, 非位位其所位焉, 正也.

『公孫龍子』「名實論」

[공손룡 2] 원문 25

以其所正, 正其所不正. 以其所不正, 疑其所正其正者, 正其所
實也. 正其所實者, 正其名也其名正, 則唯乎其彼此焉. 謂彼而
彼不唯乎彼, 則彼謂不行. 謂此而此不唯乎此, 則此謂不行. 其以
當不當也, 不當而當亂也. 故彼, 彼當乎彼, 則唯乎彼, 其謂行彼.
此, 此當乎此, 則唯乎此, 其謂行此. 其以當而當也, 以當而當, 正
也.故彼, 彼止於彼. 此, 此止於此, 可. 彼此而彼且此, 此彼而此
且彼, 不可.

『公孫龍子』「名實論」

[공손룡 3] 원문 26

夫名實謂也. 知此之非此也. 知此之不在此也, 則不謂也. 知彼之
非彼也, 則不謂也. 至矣哉, 古之明王! 審其名實, 慎其所謂. 至矣
哉, 古之明王!

『公孫龍子』「名實論」

[열 자 1] 원문 27

宋有狙公者, 愛狙, 養之成群, 能解狙之意, 狙亦得公之心. 損其
家口, 充狙之欲. 俄而匱焉, 將限其食. 恐衆狙之不馴於己也, 先誑

之曰, 與若茅, 朝三而暮四, 足乎? 衆狙皆起而怒. 俄而曰, 與若茅,
朝四而暮三, 足乎? 衆狙皆伏而喜. 物之以能鄙相籠, 皆猶此也.
聖人以智籠群愚, 亦猶狙公之以智籠衆狙也. 名實不虧, 使其喜怒
哉!

『列子』「黃帝」

[열자 2] 원문 28

鬻子曰, 去名者无憂. 老子曰, 名者實之賓, 而悠悠者趨名不已. 名
固不可去. 名固不可賓邪. 今有名則尊榮, 亡名則卑辱. 尊榮則逸
樂, 卑辱則憂苦. 憂苦, 犯性者也. 逸樂, 順性者也. 斯實之所係矣.
名胡可去, 名胡可賓, 但惡夫守名而累實. 守名而累實, 將恤危亡
之不救, 豈徒逸樂憂苦之閒哉.

『列子』「楊朱」

[열자 3] 원문 29

東方有人焉, 曰爰旌目, 將有適也, 而餓於道. 狐父之盜曰丘, 見
而下壺餐以餔之. 爰旌目三餔而後能視, 曰子何爲者也? 曰我狐
父之人丘也. 爰旌目曰, 譆! 汝非盜邪? 胡爲而餐我? 吾義不食子
之食也. 兩手據地而歐之, 不出, 喀喀然遂伏而死. 狐父之人則盜
矣, 而食非盜也. 以人之盜, 因謂食爲盜而不敢食, 是失名實者也.

『列子』「說符」

실實, 세계를 만들다

[묵가 1] 원문 30

今天下之所同義者, 聖王之法也. 今天下之諸候將猶多皆免攻伐
幷兼, 則是有譽義之名, 而不察其實也. 此譬猶盲者之與人, 同命
白黑之名, 而不能分其物也.

『墨子』「非攻 下」

[묵가 2] 원문 31

有文實也, 而後謂之, 無文實也, 則無謂也.

『墨子』「經說 下」

[묵가 3] 원문 32

實, 榮也.

『墨子』「經 上」

實, 其志氣之見也, 使人知己, 不若金聲玉服.

『墨子』「經說 上」

[묵가 4] 원문 33

擧, 擬實也.

『墨子』「經 上」

擧, 告以文名, 擧彼實也.

『墨子』「經說 上」

[묵가 5] 원문 34

知, 聞, 說, 親, 名, 實, 合, 爲.

『墨子』「經 上」

知, 傳受之, 聞也. 方不㢓, 說也. 身觀焉, 親也. 所以謂, 名也. 所謂, 實也. 名實耦, 合也. 志行, 爲也.

『墨子』「經說 上」

[묵가 6] 원문 35

諸聖人所先, 爲人欲名實. 名實不必名. 苟是石也白, 敗是石也, 盡與白同. 是石也唯大, 不與大同. 是有便謂焉也. 以形貌命者, 必智是之某也, 焉智某也, 不可以形貌命者, 唯不智是之某也, 智某可也. 諸以居運命者, 苟人於其中者, 皆是也, 去之因非也. 諸以居運命者, 若鄉里齊荊者, 皆是. 諸以形貌命者, 若山丘室廟者, 皆是也.

『墨子』「大取」

[한비자 1] 원문 36

夫有術者之爲人臣也, 得效度數之言, 上明主法, 下困姦臣, 以尊主安國者也. 是以度數之言得效于前, 則賞罰必用于後矣. 人主誠明於聖人之術, 而不苟於世俗之言, 循名實而定是非, 因參驗而審言辭.

『韓非子』「姦劫弑臣」

실實, 세계를 만들다

[한비자 2] 원문 37

安危在是非, 不在於强弱. 存亡在虛實, 不在於衆寡. 故齊, 萬乘也, 而名實不稱, 上空虛於國, 內不充滿於名實, 故臣得奪主殺天子也, 而無是非. 賞於無功, 使讒諛以詐僞爲貴. 誅於無罪, 使傴以天性剖背. 以詐僞爲是, 天性爲非, 小得勝大.

『韓非子』「安危」

[한비자 3] 원문 38

人主者, 天下一力以共載之, 故安. 衆同心以共立之, 故尊. 人臣守所長, 盡所能, 故忠. 以尊主主御忠臣, 則長樂生而功名成. 名實相持而成, 形影相應而立, 故臣主同欲而異使.

『韓非子』「功名」

[여씨춘추 1] 원문 39

人主出聲應容, 不可不審. 凡主有識, 言不欲先. 人唱我和, 人先我隨. 以其出爲之入, 以其言爲之名, 取其實以責其名, 則說者不敢妄言, 而人主之所執其要矣.

『呂氏春秋』「審應覽」

[여씨춘추 2] 원문 40

夫名多不當其實, 而事多不當其用者, 故人主不可以不審名分也. 不審名分, 是惡壅而愈塞也. 壅塞之任, 不在臣下, 在於人主. 堯舜

之臣不獨義, 湯禹之臣不獨忠, 得其數也, 桀紂之臣不獨鄙, 幽厲
之臣不獨辟, 失其理也. 今有人於此, 求牛則名馬, 求馬則名牛, 所
求必不得矣. 而因用威怒, 有司必誹怨矣, 牛馬必擾亂矣. 百官, 衆
有司也. 萬物, 群牛馬也. 不正其名, 不分其職, 而數用刑罰, 亂莫
大焉. 夫說以智通, 而實以過悗. 譽以高賢, 而充以卑下. 贊以潔白,
而隨以汙德. 任以公法, 而處以貪枉. 用以勇敢, 而墮以罷怯. 此
五者, 皆以牛爲馬, 以馬爲牛, 名不正也. 故名不正, 則人主憂勞勤
苦, 而官職煩亂悖逆矣. 國之亡也, 名之傷也, 從此生矣. 白之顧
益黑求之愈不得者, 其此義邪. 故至治之務, 在於正名.

『呂氏春秋』「審分覽」

[성리학 1] 원문 41

正名, 名實相須, 一事苟, 則其餘皆苟矣.

『二程遺書』

[성리학 2] 원문 42

忠信者以人言之, 要之則實理也.

『二程遺書』

[성리학 3] 원문 43

程子曰, 實理得之於心自別. 實理者, 實見得是, 實見得非也. 古人
有捐軀隕命者, 若不實見得, 惡能如此? 須是實見得生不重於義,

生不安於死也. 故有殺身以成仁者, 只是成就一箇是而已."

『論語集註』

[성리학 4 - 1] 원문 44

性是實理, 仁義禮智皆具.

『朱子語類』

[성리학 4 - 2] 원문 45

蓋道無形體, 只性便是道之形體. 然若無箇心, 卻將性在甚處! 須
是有箇心, 便收拾得這性, 發用出來. 蓋性中所有道理, 只是仁義
禮智, 便是實理. 吾儒以性爲實, 釋氏以性爲空. 若是指性來做心
說, 則不可. 今人往往以心來說性, 須是先識得, 方可說.

『朱子語類』

[성리학 5] 원문 46

或問 朝聞夕死得, 無近於釋氏之說乎. 曰吾之所謂道者, 固非彼
之所謂道矣. 且聖人之意, 又特主於聞道之重, 而非若彼之恃此
以死也. 曰何也. 曰吾之所謂道者, 君臣父子夫婦昆弟朋友當然之
實理也. 彼之所謂道則以此爲幻爲妄而絶滅之, 以求其所謂清淨
寂滅者也. 人事當然之實理, 乃人之所以爲人, 而不可以不聞者,
故朝聞之而夕死, 亦可以無憾. 若彼之所謂清淨寂滅者, 則初無所
效於人生之日用, 其急於聞之者, 特懼夫死之將至而欲倚是以敵

之耳.

『論語或問』

[성리학 6] 원문 47

天下之物, 皆實理之所爲, 故必得是理, 然後有是物. 所得之理旣
盡, 則是物亦盡而無有矣. 故人之心一有不實, 則雖有所爲亦如無
有, 而君子必以誠爲貴也. 蓋人之心能無不實, 乃爲有以自成, 而
道之在我者亦無不行矣.

「中庸章句」

[성리학 7] 원문 48

子程子曰, 不偏之謂中, 不易之謂庸. 中者, 天下之正道. 庸者, 天
下之定理. 此篇乃孔門傳授心法, 子思恐其久而差也, 故筆之於
書, 以授孟子. 其書始言一理, 中散爲萬事, 末復合爲一理, 放之則
彌六合, 捲之則退藏於密, 其味無窮, 皆實學也. 善讀者玩索而有
得焉, 則終身用之, 有不能盡者矣.

「中庸章句」

[성리학 8 - 1] 원문 49

善其顏色以取於仁, 而行實背之, 又自以爲是而無所忌憚. 此不
務實而專務求名者, 故虛譽雖隆 而實德則病矣.

『論語集註』

[성리학 8 - 2] 원문 50

程子曰, 學者須是務實, 不要近名. 有意近名, 大本已失, 更學何事? 爲名而學, 則是僞也. 今之學者, 大抵爲名. 爲名與爲利, 雖淸濁不同, 然其利心則一也.

『論語集註』

[성리학 8 - 3] 원문 51

尹氏曰, 子張之學, 病在乎不務實. 故孔子告之, 皆篤實之事, 充乎內而發乎外者也. 當時門人親受聖人之敎, 而差失有如此者, 況後世乎?

『論語集註』

[성리학 9 - 1] 원문 52

近日眞箇讀書人少, 也緣科擧時文之弊也. 纔把書來讀, 便先立箇意思, 要討新奇, 都不理會他本意着實.

『朱子語類』

[성리학 9 - 2] 원문 53

近世講學不著實, 常有夸底意思. 譬如有飯不將來自喫, 只管鋪攤在門前, 要人知得我家裏有飯. 打疊得此意盡, 方有進.

『朱子語類』

[성리학 9-3] 원문 54

或問, 如何是反身窮理? 曰反身是着實之謂, 向自家體分上求.

『朱子語類』

[왕양명 1] 원문 55

一日論爲學工夫. 先生曰, 敎人爲學, 不可執一偏. 初學時, 心猿意馬, 拴縛不定, 其所思慮多是人欲一邊. 故且敎之靜坐息思慮. 久之, 俟其心意稍定, 只懸空靜守, 如槁木死灰, 亦無用. 須敎他省察克治, 省察克治之功, 則無時而可間. 如去盜賊, 須有箇掃除廓淸之意. 無事時, 將好色好貨好名等私, 逐一追究搜尋出來. 定要拔去病根, 永不復起, 方始爲快. 常如貓之捕鼠. 一眼看著, 一耳聽著, 纔有一念萌動, 卽與克去, 斬釘截鐵, 不可姑容, 與他方便, 不可窩藏, 不可放他出路, 方是眞實用功, 方能掃除廓淸. 到得無私可克, 自有端拱時在. 雖曰何思何慮, 非初學時事. 初學必須思省察克治, 卽是思誠. 只思一箇天理, 到得天理純全, 便是何思何慮矣.

『傳習錄』

[왕양명 2] 원문 56

有一屬官, 因久聽講先生之學, 曰此學甚好, 只是簿書訟獄繁難, 不得爲學. 先生聞之, 曰我何嘗敎爾離了簿書訟獄懸空去講學. 爾旣有官司之事, 便從官司的事上爲學, 纔是眞格物. 如問一詞

실實, 세계를 만들다

訟, 不可因其應對無狀, 起箇怒心. 不可因他言語圓轉, 生箇喜心.
不可惡其囑託, 加意治之. 不可因其請求, 屈意從之. 不可因自己
事務煩冗, 隨意苟且斷之. 不可因旁人譖毀羅織, 隨人意思處之.
這許多意思皆私, 只爾自知, 須精細省察克治, 惟恐此心有一毫偏
倚, 杜人是非, 這便是格物致知. 簿書訟獄之間, 無非實學, 若離
了事物爲學, 卻是著空.

『傳習錄』

[왕양명 3] 원문 57

先生曰, 爲學大病在好名. 侃曰, 從前歲, 自謂此病已輕. 此來精
察, 乃知全未. 豈必務外爲人. 只聞譽而喜, 聞毀而悶, 卽是此病
發來. 曰最是. 名與實對, 務實之心重一分, 則務名之心輕一分.
全是務實之心, 卽全無務名之心. 若務實之心, 如饑之求食, 渴
之求飲, 安得更有工夫好名. 又曰疾沒世而名不稱, 稱字去聲讀,
亦聲聞過情, 君子恥之之意. 實不稱名, 生猶可補, 沒則無及矣.
四十五十而無聞, 是不聞道, 非無聲聞也. 孔子云, 是聞也, 非達
也, 安肯以此忘人.

『傳習錄』

[왕양명 4] 원문 58

或問至誠前知. 生曰, 誠是實理, 只是一箇良知.實理之妙用流行
就是神, 其萌動處就是幾.誠神幾曰聖人.聖人不貴前知; 禍福之

來, 雖聖人有所不免, 聖人只是知幾, 遇變而通耳. 良知無前後,
只知得見在的幾, 便是一了百了. 若有箇前知的心, 就是私心, 就
有趨避利害的意. 邵子必於前知, 終是利害心未盡處.
『傳習錄』

[왕양명 5] 원문 59

知之眞切篤實處. 旣是行, 行之明覺精察處. 卽是知, 知行工夫, 本
不可離. 只爲後世學者分作兩截用功, 先卻知·行本體, 故有合一
並進之說, 眞知卽所以爲行, 不行不足謂之知.
『傳習錄』

[왕양명 6] 원문 60

先生起行征思田, 德洪與汝中追送嚴灘, 汝中擧佛家實相幻相之
說. 先生曰, 有心俱是實, 無心俱是幻. 無心俱是實, 有心俱是幻.
『傳習錄』

[이황 1] 원문 61

主一之一, 乃不二不雜之一, 亦專一之一, 非指誠而言. 但能一則誠
矣, 故中庸以一言誠耳. 誠字只當訓眞實無妄之謂, 而在造化則爲
實理, 在人則爲實心, 先儒皆有定說. 今曰理之異名, 其於誠旣非
親切分明之語, 況性者, 指人物所受之理, 亦與誠字, 所指不同, 如
此牽連衮說, 愈見紛挐晦蝕, 竟無到得脫落明快處, 最講學之所

실實, 세계를 만들다

忌也.

『退溪先生文集』「答金而精」

[이황 2] 원문 62

然於是乎若不明先王之道術, 定一代之趨尙, 以表率而導迪之,
亦何能使一國之人, 回積惑而舍多岐, 一變而從我於大中至正之
敎乎. 故臣愚必以明道術, 以正人心者, 爲新政之獻焉. 雖則然矣,
而其明之之事, 亦有本末先後緩急之施, 其本末, 又有虛實之異
歸焉, 本乎人君躬行心得之餘, 而行乎民生日用彝倫之敎者本也,
追蹤乎法制, 襲美乎文物, 革今師古, 依倣比較者末也. 本在所先
而急, 末在所後而緩也, 然得其道而君德成, 則本末皆實, 而爲唐
虞之治, 失其道而君德非, 則本末皆虛, 而有叔季之禍, 固不可恃
虛名而覬聖治之成, 亦不可昧要法而求心得之妙也. 今殿下誠能
知虛名之不可恃, 求要法以明道學, 請必深納於臣前所論眞知實
踐之說, 敬以始之, 敬以終之.

『退溪先生文集』「戊辰六條疏」

[이이 1] 원문 63

謂學者進德修業, 惟在篤敬, 不篤於敬, 則只是空言. 須是表裏如
一, 無少間斷. 言有敎, 動有法, 晝有爲, 宵有得, 瞬有存, 息有養,
用功雖久, 莫求見效, 惟日孜孜, 死而後已, 是乃實學. 若不務此,
而只以辨博說話, 爲文身之具者, 是儒之賊也, 豈不可懼哉.

『栗谷全書』「學校模範」

[이 이 2] 원문 64

臣按, 窮理旣明, 可以躬行, 而必有實心, 然後乃下實功. 故誠實爲
躬行之本.

『聖學輯要』

[이 이 3] 원문 65

人有實心, 故工夫緝熙而無閒, 人無實心, 則悖乎天理矣.

『聖學輯要』

[이 이 4] 원문 66

臣按, 天有實理, 故氣化流行而不息, 人有實心, 故工夫緝熙而無
閒. 人無實心, 則悖乎天理矣.

『聖學輯要』

[이 이 5] 원문 67

政貴知時, 事要務實. 爲政而不知時宜, 當事而不務實功, 雖聖賢
相遇治, 效不成矣.

『栗谷全書』「萬言封事」

실實, 세계를 만들다

[정 제 두 1] 원문 68

誠有以實理言, 有以實心言. 以實理則誠者物之所以自成, 道者理
之所以爲用, 以實心則誠者心之所自爲本, 道者人之所當自行.
『霞谷集』「中庸說」

[정 제 두 2] 원문 69

伏以窮至性篤純行, 實學也. 表惇德樹風聲, 實政也. 迺者臣等敢
擧先正之實學, 仰贊聖朝之實政. 只冀夬降明命, 特擧盛典, 及承
批旨, 不惟不賜允兪, 乃反例之以末世浮文, 臣等相顧錯愕, 不勝
驚慨訝菀之至. (…) 惟我先正實心實學, 爲一世儒宗. (…) 而終靳
一允哉. 伏願, 殿下快垂睿照, 廓揮乾斷. 亟許臣等所請, 以光實
學, 以賁實政, 不勝千萬大幸.
『霞谷集』「再疏」

[당 견 1] 원문 70

蓋名者, 虛而無實, 美而可慕, 能鑿心而滅其德, 猶鑽核而絶其種.
心之種絶, 則德絶; 德絶, 則道絶; 道絶, 則治絶. 人人爲學, 而世
無眞學.
『潛書』「去名」

[당 견 2] 원문 71

後儒豈不曰, 天地吾心, 萬物吾體, 皆空理, 無實事也. 後儒豈不

曰, 湯武可法, 桀紂必伐, 皆空言, 非實行也. 不能勝暴, 卽不能除暴. 不能圖亂, 卽不能定亂. 不能定亂, 卽不能安天地萬物. 後之儒者, 學極精備矣. 終身講道, 吾不聞其一言達於此, 又奚問其用不用乎!

『潛書』「良功」

[대 진 1] 원문 72

情, 猶素也, 實也.

『孟子字義疏證』

[대 진 2] 원문 73

道, 猶行也. 氣化流行, 生生不息, 是故謂之道. 易曰一陰一陽之謂道. 洪範五行, 一曰水, 二曰火, 三曰木, 四曰金, 五曰土. 行亦道之通稱. 擧陰陽則賅五行, 陰陽各具五行也. 擧五行卽賅陰陽, 五行各有陰陽也. 大戴禮記曰, 分於道謂之命, 形於一謂之性. 言分於陰陽五行以有人物, 而人物各限於所分以成其性, 陰陽五行, 道之實體也. 血氣心知, 性之實體也.

『孟子字義疏證』

[대 진 3] 원문 74

人道, 人倫日用身之所行皆是也. 在天地, 則氣化流行, 生生不息, 是謂道. 在人物, 則凡生生所有事, 亦如氣化之不可已, 是謂道.

(…) 曰性, 曰道, 指其實體實事之名. (…) 人道本於性, 而性原於
天道. (…) 故語道於天地, 擧其實體實事而道自見. (…) 故語道於
人, 人倫日用, 咸道之實事. (…) 君臣父子夫婦昆弟朋友之交五者
爲達道, 但擧實事而已. (…) 性者, 指其實體實事之名.
『孟子字義疏證』

[홍대용 1] 원문 75

竊嘗聞問學在實心, 施爲在實事, 以實心做實事, 過可寡而業可
成, 從今以往, 努力桑楡, 隨分躋攀, 庶報恩育之萬一.
『湛軒書』「祭渼湖金先生文」

[홍대용 2] 원문 76

但將實心做實事, 道義門中度此身.
『湛軒書』「回到山海關登望海亭有懷錢塘諸人」

[홍대용 3] 원문 77

人生窮達, 自有定命, 兼善獨善, 隨處盡分. 吾儒實學, 自來如此.
若必開門授徒, 排闢異己, 陰逞勝心, 傲然有惟我獨存之意者, 近
世道學矩度, 誠甚可厭. 惟其實心實事, 日踏實地, 先有此眞實本
領. 然後凡主敬致知修己治人之術, 方有所措置而不歸於虛影.
『湛軒書』「杭傳尺牘」

[정약용 1] 원문 78

且所謂知性者, 欲知吾性之能樂善恥惡, 一念之萌, 察其善惡, 以率以修, 以達天德也. 若以理爲性, 以窮理爲知性, 以知理之所從出爲知天, 遂以知理之所從出爲盡心, 則吾人一生事業, 惟有窮理一事而已, 窮理將何用矣? 夫以理爲性, 則凡天下之物, 水火土石草木禽獸之理, 皆性也, 畢生窮此理, 而知此性. 仍於事親·敬長·忠君·牧民·禮樂·形政·軍旅·財賦, 實踐實用之學, 不無多少缺欠, 知性知天, 無或近於高遠而無實乎? 先聖之學, 斷不如此.
『與猶堂全書』『孟子要義』

[정약용 2] 원문 79

古人實心事天, 實心事神, 一動一靜, 一念之萌, 或誠或僞, 或善或惡, 戒之曰 '日監在玆'. 故其戒愼·恐懼·愼獨之切眞切篤, 實以達天德."
『與猶堂全書』『中庸講義補』

[정약용 3] 원문 80

總之, 誠意·正心, 爲此經之大目, 故先儒遂以此經爲治心繕性之法. 然先聖之治心繕性, 每在於行事, 行事不外於人倫. 故實心事父, 則誠正以成孝, 實心事長, 則誠正以成弟, 實心字幼, 則誠正以成慈. 誠正以齊家, 誠正以治國, 誠正以平天下. 誠正每依於行事, 誠正每附於人倫. 徒意無可誠之理, 徒心無可正之術. 除行事

실實, 세계를 만들다

去人倫, 而求心之止於至善, 非先聖之本法也.
『與猶堂全書』『大學公議』

[정약용 4] 원문 81

故其設賑·罷賑, 咸以節氣爲準. 則上距霜降之禾, 其絶糧之期
不差, 下距芒種之麥, 其殺靑之期不差. 其欲實心救民者, 宜用此
法, 某月某日不可準也.
『與猶堂全書』『牧民心書』

[김정희 1] 원문 82

漢書河間獻王傳云實事求是, 此語乃學問最要之道. 若不實以事
而但以空疎之術爲便, 不求其是而但以先入之言爲主, 其于聖賢
之道, 未有不背而馳者矣. 漢儒于經傳訓詁, 皆有師承, 備極精實,
至于性道仁義等事, 因爾時人人皆知, 無庸深論. 故不多加推明,
然偶有注釋, 未嘗不實事求是也. 自晉人講老莊虛無之學, 便于惰
學空疎之人, 而學術一變. 至佛道大行而禪機所悟, 至流于支離,
不可究詰之境, 而學術又一變. 此無他, 與實事求是一語, 盡相反
而已. 兩宋儒者闡明道學, 于性理等事, 精而言之, 實發古人所未
發. 惟陸王等派, 又蹈空虛, 引儒入釋, 更甚于引釋入儒矣. 竊謂
學問之道, 旣以堯舜禹湯文武周孔爲歸, 則當以實事求是, 其不
可以虛論遁于非也.
『阮堂全集』「實事求是說」

참고문헌

거자오광, 오만종 외 옮김,『중국사상사: 7세기 이전 중국의 지식과 사상 그리고 신앙세계』, 일빛, 2013

당견, 김덕균 옮김,『잠서』 상·하, 소명출판, 2003

등석·윤문·공손룡·신도, 임동석 옮김,『등석자 윤문자 공손룡자 신자』, 동서문화사, 2011

등석, 임동석 옮김,『등석자』, 동서문화사, 2011

대진, 임옥균 옮김,『맹자자의소증 원선』, 홍익출판사, 1998

대진, 임종진 옮김,『대진의 맹자 읽기』, 소강, 1996

묵자, 김학주 옮김,『묵자』, 명문당, 2014

묵자, 염정삼 주해,『묵경』 1·2, 한길사, 2012

미조구치 유조 외, 김석근 외 옮김,『중국 사상 문화 사전』, 책과함께, 2011

민영규,『강화학 최후의 풍경』, 우반, 1994

손영식,『혜시와 공손룡의 명가 철학』, 울산대출판부, 2005

송영배,『고대 중국 철학사상』, 성균관대출판부, 2014

순자, 이운구 옮김,『순자』 1·2, 한길사, 2006

순자, 김학주 옮김,『순자』, 을유문화사, 2008

시라카와 시즈카, 고인덕 옮김,『한자의 세계』, 솔출판사, 2008

여불위, 김근 옮김,『여씨춘추』, 글항아리, 2012

여정덕 편, 허탁 외 옮김, 『주자어류』 1~4, 청계, 1998, 2001

열자, 김학주 옮김, 『열자』, 연암서가, 2011

오하마 아키라, 김교빈·윤무학·안은수 옮김, 『중국 고대의 논리』, 동녘, 1993

왕양명, 정인재·한정길 옮김, 『전습록』, 청계, 2001

왕필, 김시천 옮김, 『노자도덕경주』, 전통문화연구회, 2017

우치야마 도시히코, 석하고전연구회 옮김, 『순자 교양 강의』, 돌베개, 2013

이상호, 『양명우파와 정제두의 양명학』, 혜안, 2008

이운구·윤무학, 『묵가철학연구』, 대동문화연구원, 1995

이이, 『국역 율곡전서』, 한국정신문화연구원, 1987

이이, 김태완 옮김, 『성학집요』, 청어람미디어, 2007

이지, 김혜경 옮김, 『분서』 1·2, 한길사, 2004

리쩌허우, 정병석 옮김, 『중국고대사상사론』, 한길사, 2005

이황, 『국역 퇴계전서』, 퇴계학연구원, 1991

장자, 안동림 옮김, 『장자』, 현암사, 2010

장자, 전호근 옮김, 『역주 장자』 전통문화연구회, 2007

정약용, 전주대 호남학연구원 옮김, 『국역 여유당전집』, 여강출판사, 1986

정약용, 『국역 목민심서』, 민족문화추진회, 1969

정인재, 『양명학의 정신』, 세창출판사, 2014

주희, 성백효 옮김, 『논어집주』, 전통문화연구회, 2010

주희, 성백효 옮김, 『대학 중용집주』, 전통문화연구회, 2010

주희, 박성규 옮김, 『대역 논어집주』, 소나무, 2011

주희, 성백효 옮김, 『맹자집주』, 전통문화연구회, 2010

주희, 장기근 옮김, 『신완역 대학장구대전』, 명문당, 2004

최남선, 『육당 최남선전집』, 역락, 2003

최진석, 『노자의 목소리로 듣는 도덕경』, 소나무, 2012

가지 노부유키, 윤무학 옮김, 『중국인의 논리학』, 법인문화사, 1998

한비자, 김원중 옮김, 『한비자』, 휴머니스트, 2016

한비, 이운구 옮김, 『한비자』 1·2, 한길사, 2002

허진웅, 조용준 옮김, 『중국 문자학 강의』, 고려대출판부, 2013

홍대용, 『국역 담헌서』, 민족문화추진회, 1974

홍대용, 이숙경·김영호 옮김, 『의산문답』, 파라북스, 2013

홍대용, 조일문 옮김, 『임하경륜·의산문답』, 건국대출판부, 2005

실학, 세계를 만들다

실實, 세계를 만들다
ⓒ 김선희

초판 인쇄	2017년 12월 19일
초판 발행	2017년 12월 26일

지은이	김선희
펴낸이	강성민
편집장	이은혜
편집	박은아 곽우정 김지수 이은경
편집보조	임채원
마케팅	이숙재 정현민
홍보	김희숙 김상만 이천희

펴낸곳	(주)글항아리 | 출판등록 2009년 1월 19일 제406-2009-000002호
주소	10881 경기도 파주시 회동길 210
전자우편	bookpot@hanmail.net
전화번호	031-955-1936(편집부) 031-955-8891(마케팅)
팩스	031-955-2557

ISBN	978-89-6735-471-8 03100

글항아리는 (주)문학동네의 계열사입니다.

이 도서의 국립중앙도서관 출판시도서목록(CIP)은 서지정보유통지원시스템 홈페이지
(http://seoji.nl.go.kr)와 국가자료공동목록시스템(http://www.nl.go.kr/kolisnet)에
서 이용하실 수 있습니다. (CIP제어번호 : CIP2017034184)